发准元音最重要

韵母发音训练

胡雪婵◎著

贾飞勇◎审定

光明日报出版社

图书在版编目（CIP）数据

发准元音最重要：韵母发音训练 / 胡雪婵著 .

北京：光明日报出版社，2024. 6. -- ISBN 978-7-5194-
8039-4

Ⅰ. H116.1

中国国家版本馆 CIP 数据核字第 2024393MH7 号

发准元音最重要：韵母发音训练
FAZHUN YUANYIN ZUI ZHONGYAO：YUNMU FAYIN XUNLIAN

著　　者：胡雪婵

责任编辑：刘兴华　　　　　　　　责任校对：宋　悦　温美静

封面设计：中联华文　　　　　　　责任印制：曹　诤

审　　定：贾飞勇

出版发行：光明日报出版社

地　　址：北京市西城区永安路 106 号，100050

电　　话：010-63169890（咨询），010-63131930（邮购）

传　　真：010-63131930

网　　址：http://book.gmw.cn

E - mail：gmrbcbs@gmw.cn

法律顾问：北京市兰台律师事务所龚柳方律师

印　　刷：三河市华东印刷有限公司

装　　订：三河市华东印刷有限公司

本书如有破损、缺页、装订错误，请与本社联系调换，电话：010-63131930

开　　本：170mm×240mm

字　　数：177 千字　　　　　　　印　　张：12.5

版　　次：2024 年 6 月第 1 版　　　印　　次：2024 年 6 月第 1 次印刷

书　　号：ISBN 978-7-5194-8039-4

定　　价：68. 00 元

内容简介

　　本书重点关注儿童发音能力的提升问题。孩子在阶段性语言学习过程中，容易产生口齿不清、发音错误或混淆等问题，尤其针对一些韵母，如"er"音发不出，"ang、eng、ing"常发作"an、en、in"，无法发卷舌音，前后鼻音不分等。一般来说，除较严重的病理性发音障碍，可以通过家长、老师的积极干预提升孩子的发音能力。为了解决广大家长对孩子发音问题的烦恼，本书基于互动语言学理论、实验语音学理论、神经可塑性理论和儿童最近发展区等理论，以传统方法和音位对比法相结合的功能语境训练方法为核心技术，进行既科学有趣，又契合儿童需求的发音提升训练，推出"评估、讲解、训练"三位一体的锻炼模式，为家长提供儿童发音能力提升的正确引导。

　　本书结合最新研究理论，精心为儿童设计了涵盖36个韵母的训练方案，其基本内容包括发音原理、发音部位、发音方法详细解说，听辨训练的多感官参与，发音联想的日常生活举例，以及综合训练中单字、词语、短语、句子、绕口令等循序渐进的练习材料，丰富有趣、浅显易懂。儿童在发音能力提升的同时，也锻炼了识字、组词、造句的技能。同时，为了方便家长和儿童的理解和实际操作，训练材料配有训练促进点说明和特色的游戏环节，例如，韵母中a的"木头人""跳一跳"游戏，韵母o中的"公鸡唱歌""模仿秀"游戏等，寓教于乐的双向互动，才是儿童发音提升的关键所在。

　　除了科学严谨的训练方案以及游戏设计，本书所使用的字、词拼音后设页码标注，与2022年最新版本《义务教育语文课程标准》的常用字表相匹配，确保提供正确、常用、利于学习的训练材料。

　　儿童发音问题是常见的，但任其发展、随年龄可以提升从而忽视的想法是不科学的。广大家长，让我们携起手来，为孩子的语言健康共同努力！

目　录
CONTENTS

第一章　韵母 a

一、发音原理

（一）发音部位及发音方法

发"a"时，舌位居中，位置低，口大开，嘴唇形状自然，软腭上升，关闭鼻腔通道，发音比较响亮，声带振动。

（二）发音游戏

1. 打哈欠

儿童模拟打哈欠时的动作，将嘴巴张开大约三个手指的宽度，持续发出声音。

2. 抵御棒棒糖

儿童张开嘴巴，用棒棒糖抵住舌面中部，发"a"的音。

二、听辨训练

能够正确听辨出"a"是正确发音的前提。

游戏 1：木头人

训练方法：成人匀速地读词语，每读一个儿童向前走一步，当读到带有韵母 a 的字或词语时，儿童不动。

训练促进点：提高儿童对"a"的听辨能力及敏感度。

训练材料：搭车、回答、打击、大声、趴下、爬行等。

游戏 2：跳一跳

训练方法：成人由慢到快地朗读以下词语，当读到带有韵母 a 的字或词语时，儿童跳一下。

训练促进点：循序渐进地增强儿童对"ɑ"音的敏感性和注意力。

训练材料：阿姨、爸爸、妈妈等。

三、发音诱导和联想

（一）发音诱导

发音时，口腔打开，嘴唇自然展开，将舌面放平，舌根压低，舌尖自然抵住下齿背，然后打开牙关和口腔，尝试发出"啊"的声音。

（二）发音联想

折青蛙：成人陪同儿童使用彩纸折出青蛙，在折纸的过程中一边折纸一边带领儿童说"青蛙"。

看医生：成人扮演医生，模仿儿童看医生的场景，引导儿童打开口腔，发出"啊"的音。

四、发音练习

（一）单字练习

bá（1B-30）坝bà（1B-32）爸bà（1B-33）擦cā（1C-142）
打dǎ（1D-302）乏fá（1F-433）罚fá（1F-435）法fǎ（1F-437）
卡kǎ（1K-952）拉lā（1L-1009）

（二）单字游戏

游戏：抓鸭子

训练方法：儿童说"抓鸭子"，成人说"抓几只"，儿童说出数量后，成人可回答"抓到了"或"没抓到"，抓到的情况需要成人和儿童交替说出对应数量的"嘎"。

训练促进点：提高儿童对韵母ɑ的掌握程度；提高儿童计数能力。

训练材料：嘎。

五、综合巩固

（一）词语训练

把<ruby>手<rt>bǎ shǒu</rt></ruby>（1B-31）霸<ruby>王<rt>bà wáng</rt></ruby>（1B-35）摩<ruby>擦<rt>mó cā</rt></ruby>（1C-142）

回<ruby>答<rt>huí dá</rt></ruby>（1D-301）垃<ruby>圾<rt>lā jī</rt></ruby>（1L-1009）蜡<ruby>烛<rt>là zhú</rt></ruby>（1L-1014）

蚂<ruby>蚁<rt>mǎ yǐ</rt></ruby>（1M-1173）青<ruby>蛙<rt>qīng wā</rt></ruby>（1W-1847）乌<ruby>鸦<rt>wū yā</rt></ruby>（1Y-2086）

杂<ruby>乱<rt>zá luàn</rt></ruby>（1Z-2287）

游戏 1：拔萝卜

训练方法：准备一条绳子，一端固定，成人和儿童一起拿着另一端，随着口号的节奏，拉动绳子，同时引导儿童说："一、二、三，拔萝卜，嘿！嘿！拔萝卜……嘿！嘿！拔萝卜……"

训练促进点：提高儿童对韵母 a 的掌握程度；增强儿童对节奏的把握能力。

训练材料：拔萝卜。

（二）短语训练

乱<ruby>七<rt>luàn qī</rt></ruby>八<ruby>糟<rt>bā zāo</rt></ruby>（1B-26）　用<ruby>力<rt>yòng lì</rt></ruby>拔<ruby>出<rt>bá chū</rt></ruby>（1B-30）

大<ruby>惊<rt>dà jīng</rt></ruby>小<ruby>怪<rt>xiǎo guài</rt></ruby>（1D-303）　砍<ruby>伐<rt>kǎn fá</rt></ruby>树<ruby>木<rt>shù mù</rt></ruby>（1F-434）

哈<ruby>哈<rt>hā hā</rt></ruby>大<ruby>笑<rt>dà xiào</rt></ruby>（1H-632）　垃<ruby>圾<rt>lā jī</rt></ruby>分<ruby>类<rt>fēn lèi</rt></ruby>（1L-1009）

马<ruby>到<rt>mǎ dào</rt></ruby>成<ruby>功<rt>chéng gōng</rt></ruby>（1M-1170）　拿<ruby>出<rt>ná chū</rt></ruby>零<ruby>食<rt>líng shí</rt></ruby>（1N-1277）

洒<ruby>水<rt>sǎ shuǐ</rt></ruby>机<ruby>器<rt>jī qì</rt></ruby>（1S-1543）　踏<ruby>出<rt>tà chū</rt></ruby>一<ruby>步<rt>yī bù</rt></ruby>（1T-1746）

游戏 2：隐藏色

训练方法：用彩笔在彩纸上写若干个短语放入 B 区，准备多张白纸写上对应彩纸的颜色，将白纸折起来放入 A 区，儿童在 A 区选出白纸拆开并在 B

区找到对应颜色的彩纸，打开后喊出对应短语。

训练促进点：提高儿童对韵母 a 的掌握程度；提高对颜色的认知能力。

训练材料：乱七八糟、用力拔出、马到成功等。

（三）短句训练

1. 妈妈告诉丫丫要勇敢地踏出第一步。
2. 蚂蚁、青蛙、乌鸦都是我喜欢的动物。
3. 洒水车在马路上驶过。
4. 我们要坚持垃圾分类，不能随意砍伐树木。
5. 华华的桌子上堆满了垃圾，十分杂乱。

游戏：小节奏师

训练方法：成人有间断地带领儿童读句子，当听到带有韵母 a 的字或词语时拍一下手，其他字或词语拍桌子。

训练促进点：提高对韵母 a 的听、读能力和敏感度；提高手脑协调能力。

训练材料：妈妈告诉丫丫要勇敢地踏出第一步；蚂蚁、青蛙、乌鸦都是我喜欢的动物；洒水车在马路上驶过。

（四）其他训练

华华画画，爸爸浇花。华华在爸爸的花前画画，爸爸在华华的画前浇花。华华和爸爸，画画浇花，比比画画。

游戏：分饰两角

训练方法：儿童为华华，成人为爸爸 / 妈妈，两人分别读自己的部分，完成短文。

训练促进点：巩固韵母 a 的训练成果。

训练材料：华华画画，爸爸浇花。华华在爸爸的花前画画，爸爸在华华的画前浇花。华华和爸爸，画画浇花，比比画画。

第二章　韵母 o

一、发音原理

（一）发音部位及发音方法

发"o"时，口半闭，舌位在后、次高，嘴唇次圆；舌向后缩，舌面后部隆起，舌尖悬空；口微开，两唇收敛，略呈圆形，下齿看不见，声带振动发音。

（二）发音游戏

1.花生豆豆

准备花生米若干。将花生米放在儿童嘴前，让儿童用嘴唇咬住花生米，保持稳定后松开。重复以上动作可以训练儿童嘴唇次圆微张的能力。

2.唇印游戏

准备有色唇膏和白纸。为儿童涂上唇膏，让儿童嘴唇略呈圆形，口微开，唇收敛印在白纸上。重复以上动作可以训练儿童嘴唇微敛成圆的能力，使儿童更直观地感受圆唇时的唇部形态，以便更好地发音。

二、听辨训练

能够听辨出"o"，是正确发音的前提。

游戏 1：纸盒投球

训练方法：准备蓝色和红色的小球若干、两个纸盒、含有韵母 o 的短语若干。成人慢慢朗读短语，每当读到含有韵母 o 的成语时，儿童需要将蓝色小球投入左边纸盒，否则投入右侧纸盒。

训练促进点：朗读短语的快慢可以训练儿童对"o"音的敏感性和注意力。

训练材料：播种、博士、剥夺、破坏、逼迫、佛祖、墨水、泡沫。

游戏2：拍拍手

训练方法：准备写有人称代词和称呼的卡片。成人慢慢朗读词语，每当读到含有韵母 o 的词语时，儿童需要拍手；当读到不含韵母 o 的词语时，儿童不需要拍手。

训练促进点：朗读不同代词、称呼词语可以训练儿童对 o 音的敏感性和注意力，并帮助儿童了解相关称呼。

训练材料：我、我们、大伯、二伯、农民伯伯、工人伯伯。

三、发音诱导和联想

（一）发音诱导

发音时，先张圆嘴巴发"a"的音，感受声带的振动；然后压低舌根，把舌头向后缩（可以想象医生进行喉部检查时压舌头的情形），同时减小嘴巴张开的幅度，嘴巴微闭，呈现圆形，过渡到"o"的音（可以参照大人们在明白一件事时发出的"哦"音）。

（二）发音联想

1.公鸡唱歌：准备彩纸。成人教儿童折出"鸡冠帽"，折好后戴在头上引导儿童发出类似于公鸡打鸣"喔、喔、喔"的声音。

2.模仿秀：成人引导儿童模仿老人行动，一边模仿一边引导儿童发"老婆婆"的"婆"音和"老伯伯"的"伯"音。

四、发音练习

（一）单字练习

波（1B-122）剥（1B-124）伯（1B-127）博（1B-132）

佛（1F-493）漠（1M-1260）墨（1M-1261）婆（1P-1393）

哦（1O-1326）破（1P-1395）

（二）单字游戏

游戏 1：试墨水

训练方法：准备不同颜色的墨水和毛笔。当儿童在纸上画出不同颜色的笔迹时，引导说出"这是……墨水"的句子，并重复这个句子。

训练促进点：重复训练这个句子，可以准确地练习"o"音。

训练材料：红墨水、蓝墨水、黑墨水。

游戏 2：停车场

训练方法：准备多个小型玩具车，并在白纸上画出停车场和停车位。引导儿童将每辆玩具车移到停车位，并说出句子"车辆成功停泊"。

训练促进点：重复训练这个句子，可以准确地练习"o"音。

训练材料：停泊。

五、综合巩固

（一）词语训练

bō li 玻璃（1B-123） bó zi 脖子（1B-126） bó shì 博士（1B-131）
bò he 薄荷（1B-134） mó xíng 模型（1M-1249） mó gu 蘑菇（1M-1252）
mó shù 魔术（1M-1254） pào mò 泡沫（1M-1257） shān pō 山坡（1P-1390）
pō shuǐ 泼水（1P-1391）

游戏：看图说话

训练方法：制作表示词语的卡片，引导儿童看卡片说出表示图意并含有韵母 o 的词语。

训练促进点：将生动形象的图片与词语相结合，在儿童读出词语时，不仅能促进儿童熟悉"o"的发音，还能提高儿童的想象与联想能力。

训练材料：玻璃、脖子、博士、薄荷等。

（二）短语训练

bō dǎ diàn huà
拨打电话（1B-121）

bō tāo xiōng yǒng
波涛汹涌（1B-122）

bō sǎ zhǒng zi
播撒种子（1B-125）

tái qǐ gē bo
抬起胳膊（1B-133）

guì bài fó zǔ
跪拜佛祖（1F-493）

máng rén mō xiàng
盲人摸象（1M-1248）

àn mó jiān bǎng
按摩肩膀（1M-1251）

jiù shí mó dāo
就石磨刀（1M-1252）

dǒu qiào de shān pō
陡峭的山坡（1P-1390）

pò suì de jìng zi
破碎的镜子（1P-1395）

游戏：先发制人

训练方法： 将短语分成两组，成人与儿童各拿一组面对面站立，开始时，谁先说出对方手中短语带有韵母 o 的字积一分，游戏结束后分值高的一组获胜。

训练促进点： 通过抢答说出正确答案，能够提高儿童对韵母 o 的敏感度和注意力。

训练材料： 拨打电话、波涛汹涌、播撒种子、抬起胳膊等。

（三）短句训练

1. 我们应该珍惜农民伯伯的劳动成果。
2. 泼水节是傣族的重要节日。
3. 春天到处是生机勃勃的景象。
4. 笔墨纸砚是文房四宝。
5. 孩子们迫不及待地跑到操场玩耍。

游戏：找到你

训练方法： 将漏字的句子做成卡片，由成人读出漏字的句子，儿童看着卡片找出漏读的字或词。例如，卡片上的句子为"孩子们迫不及待地跑到操场玩耍"，成人读"孩子们　不及待地跑到操场玩耍"，儿童找出漏写的字"迫"并读出完整的短句。

训练促进点：视听结合，将二者融为一体，从两个方面找出漏写的字，提高对含有韵母 o 的字的熟悉程度。

训练材料：我们应该珍惜农民伯伯的劳动成果；泼水节是傣族的重要节日；春天到处是生机勃勃的景象；等等。

（四）其他训练

张伯伯、李伯伯，饽饽铺里买饽饽，张伯伯买了个饽饽大，李伯伯买了个大饽饽，拿回家里给婆婆，婆婆又去比饽饽，也不知张伯伯买的饽饽大，还是李伯伯买的大饽饽。

游戏：比"饽饽"

训练方法：准备两个大小不一的馒头充当"饽饽"。两名成人分别扮演张伯伯和李伯伯，各拿一个"饽饽"，引导孩子说出"张伯伯的饽饽比李伯伯的饽饽大"或"李伯伯的饽饽比张伯伯的饽饽大"的句子。

训练促进点：通过实物对比说出句子，用可见的实物提高儿童的理解力和观察力。

训练材料：伯伯、饽饽。

第三章　韵母 e

一、发音原理

（一）发音部位及发音方法

发"e"时，舌位在后，位置较高，舌尖抵住下齿龈，嘴半开，嘴角向两边展开，声带振动发声。

（二）发音游戏

1.咬筷子

准备一根筷子，让儿童咬住，使儿童嘴角向两边展开，发出"e"的音。

2.拍照

成人为儿童拍照，喊出1、2、3，儿童嘴角展开微笑，发出"e"的音。

二、听辨训练

能够听辨出"e"，是正确发音的前提。

游戏1：我有小白鹅

训练方法：成人读出训练材料的短文，每当读到带有"e"的字或词语时，儿童模仿鹅的叫声"嘎"。

训练促进点：训练儿童对"e"音的敏感性和注意力。

训练材料：天上一群大白鸽，河里一群大白鹅。白鸽尖尖红嘴壳，白鹅曲项向天歌。白鸽剪开云朵朵，白鹅拨开浪波波。

游戏2：摘苹果

训练方法：将"字词苹果"挂在"果树"上，只有带有韵母e的"苹果"

熟了，成人问"xx 熟了吗"，儿童回答"熟了"或"没熟"。

训练促进点：训练儿童对"e"音的听辨能力。

训练材料：哥哥、道德、河马、责任等。

三、发音诱导和联想

（一）发音诱导

发音时，先发"o"的音，感受舌头在口腔中的位置；然后舌位固定不动，将嘴角向两边张开，保持气息，慢慢发出"e"音。

（二）发音联想

1.看图识字：成人准备鸽子、鳄鱼、天鹅等动物的图片，引导儿童识图，并发出"鸽""鹅""鳄"的音。

2.谁饿了：成人通过肢体表述和语言神态模仿饿的状态，引导儿童猜测成人的状态，并发出"饿"的音。

四、发音练习

（一）单字练习

饿（1E-424）　测（1C-167）　车（1C-202）　哥（1G-549）

喝（1H-654）　河（1H-658）　色（1S-1555）　蛇（1S-1586）

叶（1Y-2141）　泽（1Z-2313）

（二）单字游戏

游戏：我有大鹅

训练方法：准备一个玩具鹅或者鹅的图片，引导儿童说出"我有一只大鹅"。

训练促进点：提高孩子对韵母 e 的掌握程度。

训练材料：鹅。

五、综合巩固

（一）词语训练

cè liáng
测量（1C-169）　　chè xiāo
撤销（1C-205）　　dào dé
道德（1D-336）

chàng gē
唱歌（1G-553）　　hé zuò
合作（1H-655）　　shàng kè
上课（1K-976）

kuài lè
快乐（1L-1037）　　shè tuán
社团（1S-1589）　　fān yè
翻页（1Y-2142）

xuǎn zé
选择（1Z-2312）

游戏：词语翻翻看

训练方法：准备两套带有韵母 e 的相同卡片，打乱并倒扣在桌子上，儿童和成人交替随机翻开卡片，翻到与已翻出卡片相同的卡片需要大声读出该词语，读对拿走卡片，读错则让对方读该词语。游戏结束，卡片多的一方获胜。

训练促进点：提高孩子对韵母 e 的掌握程度；提高孩子的注意力。

训练材料：测量、唱歌、翻页、选择等。

（二）短语训练

cè liáng cháng dù
测量长度（1C-169）　　gǎi gé kāi fàng
改革开放（1G-555）

jī jí hé zuò
积极合作（1H-655）　　bá hé bǐ sài
拔河比赛（1H-658）

yíng jiē kè rén
迎接客人（1K-975）　　rèn zhēn tīng kè
认真听课（1K-976）

kuài lè de xué shēng
快乐的学生（1L-1037）　　qī hēi de yè wǎn
漆黑的夜晚（1Y-2143）

jiān fù zé rèn
肩负责任（1Z-2314）　　zhé xué wèn tí
哲学问题（1Z-2353）

游戏：正反面

训练方法：准备带有相关短语的卡片若干，依次摆好，在卡片背面写出下一个卡片上的短语。将所有卡片打乱，正面向上摆好，随机选取一个短语为初始短语。游戏开始，儿童找到目标短语后，举起大声读出并交给成人，成人看到背后短语告诉儿童下一个目标短语，直至卡片被找完。（可多组比赛，用时少者胜利）

训练促进点：提高儿童对韵母 e 的掌握程度；增强儿童的反应速度。

训练材料：快乐的学生、漆黑的夜晚、肩负责任等。

（三）短句训练

1. 小明快乐地去上课。
2. 我们要养成良好的道德品质。
3. 爷爷热情地迎接客人。
4. 居民区内停着很多车。
5. 哥哥喜欢看书。

游戏：拼词成句

训练方法：将短句拆分成三个部分分别写在卡片上。例如，"爷爷迎接客人"分为爷爷、迎接、客人三部分。将不同成分放入不同的盒子里，在三个盒子里各抽取一个纸条拼成句子，看看谁的句子更有趣。

训练促进点：提高儿童对韵母 e 的掌握程度；提高孩子的想象能力。

训练材料：小明快乐地去上课；爷爷热情地迎接客人；哥哥喜欢看书等。

（四）其他训练

鹅

坡上立着一只鹅，坡下就是一条河。

宽宽的河，肥肥的鹅，鹅要过河，河要渡鹅。

不知是鹅过河，还是河渡鹅。

生产

颗颗豆子进石磨，磨成豆浆送哥哥。

短短的合作，满满的快乐。

哥哥说我的生产虽然小，可是小小的生产贡献多。

游戏：咏鹅

训练方法：准备一张"鹅"的图片，带领儿童学习古诗《咏鹅》。

训练促进点：提高儿童对韵母 e 的掌握程度。

训练材料：《咏鹅》。

第四章　韵母 i

一、发音原理

（一）发音部位及发音方法

1. 发音部位

发"i"时，将舌尖抵住下齿龈，舌面隆起，舌位上升，靠近上硬腭，上下唇微开，声带颤动。

2. 发音方法

发音时，先将舌尖靠下抵在下门齿背后，使舌面前部稍微隆起，舌位最高，然后嘴角尽量向左右展开，上下门齿接近，声带振动，发音响亮。

（二）发音游戏

1. 舌头过山车

成人指导孩子用舌头按照一定顺序舔牙齿的内部与外部，可以从左到右或从右到左、从上到下或从下到上等。让孩子的舌头尽可能充分地在口腔内进行活动。扩大孩子舌头的运动范围和运动角度，促进舌头的灵活性。

2. 微笑达人

准备筷子若干。让儿童用上下牙咬住筷子，训练露出八颗牙齿的微笑。保持这个动作可以训练儿童下颚的稳定性。

二、听辨训练

能够听辨出"i"，是正确发音的前提。

游戏 1：我是小画家

训练方法：准备铅笔一支、含有韵母 i 的短语若干。成人慢慢朗读短语，每当读到含有韵母 i 的字或词语时，儿童在纸上写下一个 i。

训练促进点：朗读短语的快慢可以训练儿童对"i"音的敏感性和注意力。

训练材料：一根筷子、阿姨、无依无靠、抢椅子、求同存异、一鸣惊人、神采奕奕、不可思议、平易近人、词语的意思、亿万富翁、忆苦思甜、在天愿作比翼鸟、牙医、多才多艺、深厚的情谊。

游戏 2：制作花裙子

训练方法：成人在白纸上画一个没有裙子的小公主，缓慢阅读语段，当儿童听到"i"音时就画一笔，最后给公主画好花裙子。

训练促进点：根据训练，加强儿童对"i"音的敏感性和注意力。

训练材料：幼儿园的牙医是一位三十多岁的阿姨，她平易近人，多才多艺，在课间时间和小朋友玩抢椅子的游戏，与小朋友们建立了深厚的情谊。

三、发音诱导和联想

（一）发音诱导

在发音过程中，先让儿童学习微笑时的唇形，振动声带发音，感觉到有股气流从上下唇中间的缝隙通过，没有阻碍，尝试发出"一"的音。

（二）发音联想

1. 叠衣服：准备好衣物。成人教儿童如何折叠衣服，一边整理一边引导儿童发出"衣"的音。

2. 搬椅子：成人与儿童一起将小椅子搬至指定位置，同时引导儿童发出"椅"的音。

四、发音练习

（一）单字练习

弟（1D-353）机（1J-760）鸡（1J-762）梨（1L-1047）

米（1M-1225） 皮（1P-1365） 旗（1Q-1418） 日（1R-1522）
梯（1T-1784） 溪（1X-1935）

（二）单字游戏

游戏1：装扮灰姑娘

训练方法：准备各类含有"衣"字的衣服图片，如风衣、雨衣、毛衣、皮衣等，儿童挑选出灰姑娘要穿的衣服，引导说出"这是风衣 / 雨衣……"的句子。

训练促进点：重复训练这个句子，训练"i"的发音。

训练材料：风衣、雨衣、毛衣、皮衣等。

游戏2：捏橡皮泥

训练方法：准备若干橡皮泥。让儿童把橡皮泥捏成要求的物体，引导儿童说出"把橡皮泥捏成小鸡 / 香梨 / 大米 / 国旗 / 梯子"，并一直重复这个句子。

训练促进点：促进儿童对韵母i的发音；提高儿童动手实践能力。

训练材料：小鸡、香梨、大米、国旗、梯子等。

五、综合巩固

（一）词语训练

鼻子（1B-85） 铅笔（1B-88） 厘米（1L-1046）
玻璃（1L-1050） 鲤鱼（1L-1057） 蜂蜜（1M-1229）
泥土（1N-1299） 油漆（1Q-1411） 夕阳（1X-1924）
蚂蚁（1Y-1173）

游戏：扫雷

训练方法：准备10张带有韵母i的词语卡片，再准备若干张大小相同的空白卡片，分别倒扣在桌面上，让儿童将卡片翻过来并念出卡片上的词语，将所有词语卡片找到并念出，游戏结束。

训练促进点：通过儿童对韵母 i 的听说练习，提高掌握程度。

训练材料：鼻子、铅笔、厘米等。

（二）短语练习

山青水碧（1B-94） 螳臂当车（1B-98）

水滴石穿（1D-346） 积少成多（1J-763）

一年四季（1J-788） 离开家乡（1L-1048）

批发市场（1P-1363） 整整齐齐（1Q-1412）

回答问题（1T-1788） 夕阳西下（1X-1924）

游戏：123 木头人

训练方法：准备写有短语的卡片若干。成人拿着卡片站在离儿童一定距离的地方，背对儿童，成人数"1、2、3"，然后拿着卡片转身，儿童念出词语就向前走一步，到达成人所在的地方即为获胜。

训练促进点：提升儿童对韵母 i 的掌握能力；提高儿童的反应能力，使儿童更加开朗。

训练材料：山青水碧、螳臂当车、水滴石穿等。

（三）短句训练

1. 阿姨叫你来摘梨子。

2. 把已经晒干了的衣服放整齐。

3. 梨树在湿润的泥土里慢慢长大。

4. 小丽认真地听李成人讲"水滴石穿"的意义。

5. 一年四季都有美丽的风景。

游戏：连词成句

训练方法：准备若干完整的句子。将每个句子按短语打乱，制作短语卡片，儿童拼成完整的句子，念出并重复这个句子。例如，卡片上的短语为"一年四季""都有""风景""美丽的"，儿童念出"一年四季都有美丽的风景"并重复。

训练促进点：巩固对韵母 i 的听辨和表达能力；提高儿童的注意力、视听结合能力和表达能力。

训练材料：阿姨叫你来摘梨子；把已经晒干了的衣服放整齐；梨树在湿润的泥土里慢慢长大；小丽认真地听李成人讲"水滴石穿"的意义；一年四季都有美丽的风景等。

（四）其他训练

一二三四五六七，七六五四三二一，七个阿姨来摘果儿，七个花篮儿手中提。七个果子摆七样：苹果、桃子、石榴、柿子、李子、栗子、梨。

游戏：鼓掌

训练方法：儿童齐念游戏语，念到含有韵母 i 的字或词语时鼓一下掌，念到含有"韵母 i 的数字"时，鼓掌相应次数。例如，"七个花篮手中提"，念到"七"时，鼓七下掌，念到"提"时鼓一下掌。

训练促进点：促进对韵母 i 的掌握；训练儿童的反应能力。

训练材料：一二三四五六七，七六五四三二一，七个阿姨来摘果儿，七个花篮儿手中提。七个果子摆七样：苹果、桃子、石榴、柿子、李子、栗子、梨。

第五章　韵母 u

一、发音原理

（一）发音部位及发音方法

1.发音部位

发音时，上下唇尽力收缩成圆形，双唇向前突出，中间只留一个小圆孔，舌尖接触下齿背。

2.发音方法

发"u"，时，双唇收圆并向前突出，舌身后缩，舌尖抵住下齿背，保持嘴部肌肉收紧，声带振动发声。

（二）发音游戏

1.舌头过山车

成人指导儿童用舌头按照一定顺序舔牙齿的内部与外部，可以从左到右或从右到左、从上到下或从下到上等。让儿童的舌头尽可能充分地在口腔内进行活动。扩大儿童舌头的运动范围和运动角度，促进舌头的灵活性。

2.小风车

准备一个纸风车。成人示范双唇收圆吹动风车，让儿童模仿，控制风车从快速到慢速或从慢速到快速。训练双唇力度、合唇能力及嘴唇活动的控制能力。

二、听辨训练

能够听辨出"u"，是正确发音的前提。

游戏 1：我是"舞蹈家"

训练方法：成人慢慢朗读训练材料，每当读到含有韵母 u 的字或词语时，儿童需跳一下。

训练促进点：训练儿童对韵母 u 的敏感性和注意力。

训练材料：今天是星期五，外面天气不好，到处都是大雾，跳广场舞的队伍解散了，大家回到自己的屋子里吃准备好的食物。

游戏 2：搭建“小屋”

训练方法：成人准备若干含有韵母 u 的词语卡片。先引导儿童发“屋”的音，然后阅读词语卡片，当读到含有韵母 u 的词语时，儿童举起双手模仿屋顶。当儿童对此听辨训练熟练后可增加难度。

训练促进点：根据训练，加强儿童对“u”音的敏感性和注意力。

训练材料：乌鸦、大雾、物体、乌黑、端午节、队伍、武术、巫术、食物、失误、房屋、悟性、跳舞、事务等。

三、发音诱导和联想

（一）发音诱导

1. 发音前，先引导儿童噘嘴做“亲”的状态，双唇间留一个圆形小孔，牙齿不要闭合，后使儿童顺势发出“u”的音。

2. 成人左手托住儿童下颌，右手将两边脸颊向前推挤，并控制上下唇位置固定不动，引导儿童顺势发声。

（二）发音联想

1. 搭屋子：成人两手举起模仿屋顶，让儿童依次模仿“搭建屋顶”的动作并发出“屋(wū)”的音。

2. 开火车：成人通过播放火车驶过的音频或视频，引导儿童学会发出长音“u——”和短音“u、u、u”。

四、发音练习

（一）单字练习

布（1B-139）　厨（1C-250）　肚（1D-400）　姑（1G-587）

湖（1H-696）　鹿（1L-1139）　木（1M-1270）　瀑（2P-589）

土（1T-1830）　书（1S-1661）

（二）单字游戏

游戏：开心消消乐

训练方法： 每个词语准备两张卡片，将卡片按照6×4的方格模式随机摆放于桌上。游戏开始，儿童通过连线将相同的两个词语"消除"。每"消除"两张卡片，儿童需将该词语大声朗读三次，并移除已"消除"的词语。成功"消除"所有词语后，游戏结束。

训练促进点： 在"消除"卡片的过程中儿童可以巩固所学词语。同时此种训练方式有助于锻炼儿童口、手、脑的协调性，帮助纠正儿童口吃。

训练材料： 阻拦、帮助、厨房、疏通、锄头、触手、斧头、妇女、蜘蛛、圆柱、乌鸦、烟雾。

五、综合巩固

（一）词语训练

催促（1C-290）　进出（1C-247）　渡河（1D-402）

骨头（1G-593）　孤独（1G-588）　苦涩（1K-987）

马路（1L-1141）　大树（1S-1679）　梧桐（2W-784）

追逐（1Z-2434）

游戏：解救玻璃珠

训练方法：将10颗玻璃珠放在倒扣的透明玻璃杯中，准备10张带有韵母 u 的词语卡片，儿童每成功念出一个词语便可解救一颗玻璃珠。

训练促进点：通过儿童对韵母 u 的听说训练，加强儿童对它的掌握。

训练材料：马路、大树、骨头等。

（二）短语训练

催促起床（1C-290） 一簇鲜花（2C-117）

独立上学（1D-396） 古代诗歌（1G-590）

一亩田地（1M-1266）美味的葡萄（1P-1399）

进入房间（1R-1535）学习数学（1S-1681）

参天大树（1S-1679）追逐打闹（1Z-2434）

游戏：看到"你"啦

训练方法：将准备好的带有韵母 u 的词语卡片藏在活动室较为明显的角落，成人可以提示儿童大致方位，让儿童找到并大声读出卡片上的词语。

训练促进点：通过儿童对韵母 u 的阅读，加强对"u"音的掌握。

训练材料：催促起床、一簇鲜花、独立上学等。

（三）短句训练

1.妈妈早晨催促小明起床。

2.我们从小学习古代诗歌。

3.哥哥最喜欢学习数学。

4.爷爷给我一串美味的葡萄。

5.同学们不要在走廊里追逐打闹。

游戏：连词成句

训练方法：准备若干完整的句子。将每个句子按短语打乱，制作词语卡片，儿童拼成完整的句子，念出并重复这个句子。例如，卡片上的短语为"爷爷""给我""美味的""葡萄"和"一串"，儿童念出"爷爷给我一串美味的葡萄"并重复。

训练促进点：巩固对韵母 i 的听辨和表达能力；提高儿童的注意力、视听结合能力和表达能力。

训练材料：妈妈早晨催促小明起床；我们从小学习古代诗歌；哥哥最喜欢学习数学；爷爷给我一串美味的葡萄；同学们不要在走廊里追逐打闹；等等。

（四）其他训练

虎

鼓上画只虎，破了拿布补。

不知布补鼓，还是布补虎。

兔、鼠、树

一只鼠，一只兔，兔鼠同去伐小树，兔挖土，鼠咬树，惊动吃草小肥猪。
猪架兔，兔背鼠，齐心协力撼小树。咯吱一声倒下树，牢牢压住小灰鼠。
树压鼠，鼠压兔，兔儿压住小肥猪，猪儿压土唤不住。

游戏：句子接龙

训练方法：准备好训练材料。成人起头读第一句，让儿童读下一句，如此重复直到结束，熟练后成人儿童角色互换直到结束。

训练促进点：促进儿童对韵母 u 的掌握；训练儿童的反应能力。

训练材料：一只鼠，一只兔，兔鼠同去伐小树，兔挖土，鼠咬树，惊动吃草小肥猪。猪架兔，兔背鼠，齐心协力撼小树。咯吱一声倒下树，牢牢压住小灰鼠。树压鼠，鼠压兔，兔儿压住小肥猪，猪儿压土唤不住。

第六章　韵母 ü

一、发音原理

（一）发音部位及发音方法

发"ü"时，舌位靠前，位置较高，需要将嘴唇拢圆，声带振动发声。

（二）发音游戏

1.泡泡乐园

准备泡泡水一支、一次性水杯一个。引导儿童吹出泡泡，并将泡泡吹进水杯中。如有难度，成人可以先吹出一个泡泡，放在泡泡棒上，再引导儿童吹气。这个活动可以训练儿童圆唇的能力和吹气的持久性。

2.饼干达人

准备磨牙饼干棒。将磨牙棒放在儿童嘴唇前，让儿童用嘴唇固定磨牙棒，保持稳定后松开。重复以上动作可以训练儿童圆唇的能力和下颚的稳定性。

二、听辨训练

能够听辨出"ü"，是正确发音的前提。

游戏1：我是小鼓手

训练方法：准备小鼓一个、含有韵母 ü 的短语若干。成人慢慢朗读短语，每当读到含有"ü"的字时，儿童击鼓一下。

训练促进点：朗读短语的快慢，可以训练儿童对"ü"音的敏感性和注意力。

训练材料：绿水青山、利率上涨、法律条文、慎重考虑、过滤脏水、坚硬的铝板、巨大的苹果、可爱的橘猫、娶亲队伍、步履蹒跚、风雨无阻、郁郁葱葱、屈指可数、宁死不屈、栩栩如生、徐徐清风、雨过天晴、吸取教训、聚居区域、男男女女等。

游戏2：钓鱼高手

训练方法：准备小鱼竿。成人读出训练材料的语段。第一次训练时，当读到"鱼"字时，儿童抬起鱼竿一次，模仿钓鱼。熟悉后可增加难度，当读到含有韵母 ü 的字或词语时都要抬起鱼竿，慢慢训练儿童的注意力。

训练促进点：根据难度不同分阶段训练，可以循序渐进地加强儿童对"ü"音的敏感性和注意力。

训练材料：小明钓鱼钓不起大鱼，鱼竿怨鱼钩太直不够曲，鱼钩怨鱼竿太曲不够直，也不知是竿曲钩直，还是竿直钩曲？

三、发音诱导和联想

（一）发音诱导

发音时，先发"i"的音感受舌头在口腔中的位置，然后舌位固定不动，将声音拉长，做出吸气的动作，同时逐渐闭合上下唇和嘴角，慢慢发出"ü"音。

（二）发音联想

1.小鱼游游：准备彩纸，成人教儿童折出小鱼，一边折纸一边引导儿童发"鱼"的音。

2.下雨啦：成人双手向下挥动，模仿下雨，同时引导儿童发"雨"的音。

四、发音练习

（一）单字练习

句（1J-929） 橘（1J-926） 巨（1J-930） 聚（1J-938）

绿（1L-1149） 旅（1L-1143） 鱼（1Y-2230） 女（1N-1322）

曲（1Q-1480） 娶（1Q-1486）

（二）单字游戏

游戏1：挖沙

训练方法：准备绿色和橘色的小玩具若干，埋在沙坑里。儿童用小铲子挖出玩具时，引导说出句子"这是绿色/橘色的……"。

训练促进点：重复训练这个句子，在训练发音的同时，可以加强儿童对颜色的认识。

训练材料：绿、橘。

游戏2：捞鱼

训练方法：准备小水缸和各种小鱼玩具，儿童用小渔网捞出小鱼时，引导儿童说出"这是……鱼"的句式，并重复这个句子。

训练促进点：重复训练这个句子，可以准确地练习"ü"音。

训练材料：金鱼、鲨鱼、鲸鱼、章鱼、小丑鱼等。

五、综合巩固

（一）词语训练

^{lǘ}驴^{chē}车（1L-1142） ^{fǎ}法^{lǜ}律（1L-1146） ^{kǎo}考^{lǜ}虑（1L-1147）

^{lì}利^{lǜ}率（1L-1148） ^{guò}过^{lǜ}滤（1L-1151） ^{lǜ}绿^{shuǐ}水（1L-1149）

^{lǚ}铝^{bǎn}板（1L-1144） ^{qǔ}娶^{qīn}亲（1Q-1486） ^{jù}巨^{dà}大（1J-930）

^{jú}橘^{māo}猫（1J-926）

游戏：听到"你"了

训练方法：将带有韵母ü的词语卡片分别藏在不同的地方让儿童去找，成人读出目标词语并根据儿童和目标词语控制音量（离目标词语越近声音越大），当儿童找到后引导儿童读出目标词语"我找到……了"。之后成人和儿童身份互换，继续游戏。

训练促进点：通过儿童对韵母 ü 重复的听说练习，加强儿童对它的掌握。

训练材料：驴车、法律、绿水、巨大等。

（二）短语训练

绿水青山（1L-1149）　利率上涨（1L-1148）

法律条文（1L-1146）　慎重考虑（1L-1147）

过滤脏水（1L-1151）　坚硬铝板（1L-1144）

巨大的苹果（1J-930）可爱的橘猫（1J-926）

娶亲队伍（1Q-1486）　步履蹒跚（1L-1145）

游戏：背对背

训练方法：将短语分成两组，两个儿童各拿一组，背对背适当距离站立，成人数"1、2、3"后两个儿童转过来，先念出对方词语的儿童积1分，游戏结束后分值高的一组获胜。

训练促进点：提升儿童对韵母 ü 的掌握能力；提高儿童的反应能力，使儿童变得更加开朗。

训练材料：绿水青山、利率上涨、法律条文等。

（三）短句训练

1. 玉玉风雨无阻去上学。

2. 徐徐清风吹过绿色湖水。

3. 画上的鲤鱼栩栩如生。

4. 聚居区里生活着许多人。

5. 奶奶喜欢听豫剧。

游戏：少了谁

训练方法：将句子做成卡片，由成人读出漏字的句子，儿童看着卡片辨出漏读的字或词语。例如，卡片上的句子为"奶奶喜欢听豫剧"，成人读"奶奶喜欢听剧"，儿童找出漏读的字"豫"并读出完整的短句。

训练促进点：巩固对韵母 ü 的听辨和表达能力；提高儿童的注意力、视听结合能力和观察力。

训练材料：玉玉风雨无阻去上学等。

（四）其他训练

吃橘子

吃橘子，剥橘子，橘皮丢在垃圾箱里，

不吃橘子，不剥橘子，不把橘皮丢在垃圾箱里。

游戏：我做你说

训练方法：引导者做出"吃橘子""剥橘子"等动作，儿童说出成人所做动作的名称，最终将动作连续地说出来。

训练促进点：促进对韵母 ü 的掌握及对相关语句的运用能力。

训练材料：橘子。

第七章　韵母 ai

一、发音原理

（一）发音部位及发音方法

1. 发音部位

"ai"是复元音，发音时需要口腔、舌、唇等发音器官共同作用。"ai"由前"a"开始，舌尖顶住下门齿背动，舌位逐渐上升，然后舌尖顶住下门齿背不动，舌面前部逐渐上升，口型渐接近"i"时而止，动程宽。"a"响而长，"i"弱而短。

2. 发音方法

让被训练者观察口型的变化，这个"ai"比单念"a"时舌位偏前。先发"a"的音，吸足气，从前一个韵母 a 很快滑到后一个韵母 i，口型变化迅速，不要有间隔，"a"到"i"有一个滑动的过程，要整体读成"ai"。

（二）发音游戏

1. 棒棒乐

准备磨牙饼干棒，让儿童张大嘴，把饼干棒放在左边大牙中间，让儿童咬住饼干但不能咬碎，随后张开嘴，移动饼干棒的位置，重复以上动作。可以加强下颚的稳定性和协调能力，加强舌头的运动能力。

2. 小嘴张开 ai、ai、ai

让儿童将嘴巴张开，成人将自己食指和中指并拢竖放于儿童上下齿间，让儿童发出"ai"的音，增强下颚的稳定性。

二、听辨训练

能够分辨出"ai"和其他韵母发音的不同，是正确发出"ai"的前提，可采用下面的游戏练习分辨"ai"的发音。

游戏 1：下雨啦

训练方法：准备包含"ai"和"ei"的词语若干。"ai"音代表下小雨，用双手向下挥动表示；"ei"音代表暴风雨，用拍手表示。当读出词语时，儿童需要辨别韵母的不同，做出不同的动作，可以适当调节朗读短语的速度。

训练促进点：朗读词语的快慢可以训练儿童对"ai"音的敏感性和注意力。

训练材料：哎、埃、矮、爱、诶等。

游戏 2：鲤鱼跃龙门

训练方法：准备折纸小鱼和一座桥，朗读语段。当读到"ai"音时鲤鱼跳一下，读到"a"音时鲤鱼趴下，读到"ei"音时鲤鱼后退一步，最后跳过桥成功。可以分阶段训练，第一遍只听辨"ai"音，第二遍加入"a"音或"ei"音，第三遍听辨全部的音。

训练促进点：根据难度不同分阶段训练，可以循序渐进地加强儿童对"ai"音的敏感性和注意力。

训练材料：歪、崴、外、为、维等。

三、发音诱导和联想

（一）发音诱导

先将嘴巴张大，发出"a——"的声音，接着将舌头缓慢向硬腭抬升，在舌头慢慢上升时嘴慢慢闭合，舌头抬升至发"i"这个音时的舌位停止。气流不间断，音由强至弱，发"挨"音。

（二）发音联想

1.爱要大声说出来：成人做出各种爱心手势，引导儿童一边模仿一边说"爱"。

2.唉声叹气：成人一边叹气一边说"唉！"，引导儿童模仿发音。

四、发音练习

（一）单字练习

唉^{āi}（1a-5） 爱^{ài}（1a-11） 矮^{ǎi}（1a-9） 挨^{āi}（1a-7）

哀^{āi}（1a-4） 癌^{ái}（1a-8） 碍^{ài}（1a-12） 哎^{āi}（1a-3）

艾^{ài}（1a-10） 买^{mǎi}（1M-1178）

（二）单字游戏

游戏 1：超市购物狂

训练方法：准备小货架和若干物品。让儿童扮演售货员或消费者，训练语句"你要买什么？"或"我要买……"。可以加入一些含有"ai"音的物品，如白菜、小麦、海带等。

训练促进点：重复训练"买"字，有效地练习"ai"音的同时可以锻炼儿童的互动沟通能力。

训练材料：买。

游戏 2：爱的组合

训练方法：准备两个盒子，里面分别装有亲属称谓和行动短语，儿童分别从两个盒子中抽取一张卡片，将其用"爱"字连接成句，如"奶奶爱做饭""宝宝爱看电视"等。

训练促进点：重复训练"爱"字，可以有效地练习"ai"音。

训练材料：爱。

五、综合巩固

（一）词语训练

失^{shī}败^{bài}（1B-40） 拜^{bài}师^{shī}（1B-41） 摆^{bǎi}尾^{wěi}（1B-39）

拜年（1B-41） 柏树（1B-38） 改正（1G-526）

灌溉（1G-529）感慨（1K-955）开车（1K-953）

凯旋（1K-954）

游戏：东南西北

训练方法： 折一个"东南西北"，在内部分别写上"失败""柏树""摆尾""灌溉""改正""开车""感慨""凯旋"八个词语，然后按"东南西北"的玩法进行，儿童读出该词语。例如，"东3"，开合三次后"东"字块上的词语为"摆尾"，儿童读出"摆尾"。

训练促进点： 通过重复练习提高对韵母 ai 的掌握程度，提高儿童的计数能力。

训练材料： 失败、柏树、摆尾、灌溉、改正、开车、感慨、凯旋。

（二）短语训练

百事可乐（1B-37） 神龙摆尾（1B-39）

改正作业（1G-526）拜师学艺（1B-41）

灌溉草丛（1G-529）感慨万千（1K-955）

蔚蓝大海（1H-634）凯旋而归（1K-954）

凯旋门（1K-954） 金黄的麦田（1K-1180）

游戏：打地鼠

训练方法： 将带有字词的卡片随机粘在地上，成人喊出地鼠的名字（卡片上的字词）后，儿童重复名字并用小气锤打相应卡片。

训练促进点： 促进儿童对韵母 ai 的听辨能力，提高反应能力和注意力。

训练材料： 百事可乐、神龙摆尾等。

（三）短句训练

1. 妈妈爱宝宝。

2. 爸爸买衣服。

3. 奶奶吃白菜。

4. 哥哥拍皮球。

5. 爸爸抬桌子。

游戏：连连看

训练方法：让儿童将打散的短句进行连线，并将句子读出来。

训练促进点：促进儿童对韵母 ai 的掌握和对相关词语的运用。

训练材料：妈妈爱宝宝；爸爸买衣服；奶奶吃白菜；哥哥拍皮球；爸爸抬桌子等。

（四）其他训练

掰白菜

掰白菜，搬白菜，掰完白菜搬白菜，搬完白菜掰白菜。

游戏：你一句我一句

训练方法：与儿童一起读"掰白菜"绕口令，一人读上句一人读下句，要求读得流利且清晰，可加上动作。

训练促进点：促进对韵母 ai 的掌握。

训练材料："掰白菜"绕口令。

第八章　韵母 ei

一、发音原理

（一）发音部位及发音方法

1. 发音部位

"ei"属于前响复元音，发音时先将舌尖轻轻抵住下齿背，半张嘴发"e"音，接着抬高舌位，口型由半开逐渐变小，快速滑向"i"的音。

2. 发音方法

发音时，由"e"开始，并以"e"为主，发音清晰响亮；后发"i"音，发音轻短模糊，两音之间自然过渡。舌头、嘴唇以至整个口腔共鸣器的形状要逐渐变动，气流不中断，即两个元音之间无明显界限。

（二）发音游戏

1. 张合游戏

准备压舌板。让儿童半张嘴将压舌板伸入口腔中，然后让儿童慢慢合上口腔，碰到压舌板停止。重复以上动作可以训练儿童口腔由半开逐渐变小的能力。

2. 追寻甜蜜

准备棒棒糖。让儿童打开口腔，将舌尖抵在下齿背，将棒棒糖微微伸入口腔中，再让舌尖抬高接触棒棒糖。重复以上动作可以训练儿童舌尖的灵活度。

二、听辨训练

能够听辨出"ei"，是正确发音的前提。

游戏 1：众里听你

训练方法：准备多种水果放在不透明的篮子中。成人依次念出水果名，儿童认真倾听。当念出带有韵母 ei 的水果名时，儿童要做出相应反应，成人将水果从篮中挑出放到桌上。

训练促进点：在多个韵母中分辨韵母 ei 的音，能够提高儿童对于"ei"音的反应能力。

训练材料：草**莓**、杨**梅**等。

游戏 2：听声辨字

训练方法：成人缓慢念出词语卡片上的词语，儿童认真倾听。成人每念完一个词语，儿童要说出词语中带有韵母 ei 的字是哪个。

训练促进点：通过认真倾听，分辨词语中的韵母 ei，利于促进儿童对"ei"音的敏感程度和反应力。

训练材料：**卫**生、**未**来、一**位**、肠**胃**、**委**员会、**悲**伤、**非**常、玉**佩**等。

三、发音诱导和联想

（一）发音诱导

发音时，先发"e"的音，定准口型，然后慢慢滑向"i"的发音，气流不中断，舌尖上移，口型由半开逐渐变小，嘴角向两边展开。可以想象应答他人呼唤时"欸"的发音。

（二）发音联想

1.飞机高飞：准备彩纸。成人教儿童折出纸飞机，折好后引导儿童将纸飞机高举头顶，练习"飞（fēi）"的发音。

2.交换物品：成人引导儿童交换橡皮、书本等物品，并引导其说："给（gěi）你（nǐ）。"练习"给（gěi）"的发音。

四、发音练习

（一）单字练习

^{bēi}杯（1B-71）　^{bēi}碑（1B-73）　^{bèi}背（1B-77）　^{fēi}飞（1F-462）

^{fèi}肺（1F-469）　^{gěi}给（1G-561）^{hēi}黑（1H-666）^{lèi}泪（1L-1041）

^{méi}梅（1M-1206）^{wèi}胃（1W-1889）

（二）单字游戏

游戏 1：摞纸杯

训练方法：准备若干彩色纸杯。引导儿童将纸杯摞成塔，每摞上一个纸杯，引导儿童说出"红纸杯""绿纸杯""蓝纸杯"。

训练促进点：重复训练，多次重复"杯"字，可以准确地练习"ei"音。

训练材料：杯。

游戏 2：拾贝壳

训练方法：准备沙箱和贝壳，将贝壳埋入沙中。带领儿童挖出贝壳，挖出一个贝壳，就计数一次，"一个贝壳""两个贝壳"……

训练促进点：将动作与语言相结合，通过计数的方式多次说出"ei"音，可以准确熟练地练习"ei"音。

训练材料：贝。

五、综合巩固

（一）词语训练

^{bèi}贝^{ké}壳（1B-75）　^{bèi}被^{zi}子（1B-79）　^{jiǎn}减^{féi}肥（1F-466）

^{fèi}废^{pǐn}品（1F-467）^{léi}雷^{diàn}电（1L-1039）^{bā}芭^{lěi}蕾（1L-1040）

劳累（1L-1043）　眉眼（1M-1205）　内脏（1N-1295）

玉佩（1P-1352）

游戏：翻翻乐

训练方法：将词语与图片制成卡片，在卡片背面贴上儿童贴纸。卡片放在桌上，背面朝上。儿童根据个人喜好，依次翻开卡片，成人引导儿童正确读出该词语。

训练促进点：将生动形象的图片与词语相结合，不仅能促进儿童熟悉"ei"的发音，还能通过贴纸引导儿童练习发音，提高兴趣。

训练材料：贝壳、被子、减肥等。

（二）短语训练

北国春城（1B-74）　　准备行李（1B-76）

浪费食物（1F-470）　　嘿嘿地笑（1H-667）

分门别类（1L-1042）　一枚硬币（1M-1252）

美丽的风景（1M-1211）服装搭配（1P-1353）

违反交规（1W-1875）　可爱的尾巴（1W-1881）

游戏：跳房子

训练方法：将短语及相应图片粘贴到跳房子游戏垫上，按照游戏规定的跳跃方式和路径，每跳一步，读出对应的短语。

训练促进点：在跳跃过程中熟读短语能够提高儿童的反应速度和对韵母"ei"的熟悉度。

训练材料：北国春城、准备行李、浪费食物、嘿嘿地笑等。

（三）短句训练

1. 我们应该养成起床后叠被子的好习惯。

2. 芭蕾是一种优雅的舞蹈。

3. 腊梅有着顽强的生命力。

4. 每个少先队员都要佩戴并爱护红领巾。

5. 毛主席是一代伟人。

游戏：纸条抽签

训练方法： 将短句写在纸条上，成人攥在手里，儿童任意抽出一条，读出上面的短句。

训练促进点： 任意抽取短句进行阅读训练，能够提高儿童对韵母"ei"的熟悉程度。

训练材料： 我们应该养成起床后叠被子的好习惯；芭蕾是一种优雅的舞蹈；等等。

（四）其他训练

贝贝飞纸飞机，菲菲没有纸飞机，菲菲要贝贝的纸飞机，贝贝不给菲菲自己的纸飞机，贝贝教菲菲自己做能飞的纸飞机。

游戏：纸飞机

训练方法： 准备两个玩偶和折纸。将玩偶分别命名为"贝贝"和"菲菲"，成人带着儿童制作纸飞机，并依次将纸飞机放在贝贝和菲菲面前，引导儿童说出"贝贝有纸飞机，菲菲没有纸飞机"和"菲菲有纸飞机，贝贝没有纸飞机"。

训练促进点： 亲手制作，锻炼儿童的动手能力；通过实物的有无，说出句子，用可见的实物提高儿童的理解力和观察力。

训练材料： 贝贝、菲菲、飞。

第九章　韵母 ui

一、发音原理

（一）发音部位及发音方法

1. 发音部位

"ui"是中响复元音，是"u"与"ei"的结合。发"ui"时，先将嘴唇拢圆，舌头抵住上硬腭，舌头后缩，然后慢慢将嘴唇向左右展开，舌位降低至口腔中部偏上的位置，最后嘴角保持向左右展开，舌位升高，舌头前伸，使舌尖抵住下齿背。

2. 发音方法

发音时，先发"u"的音，然后舌位逐渐降低，再将舌位升高，舌头前伸，唇形由圆到扁，完成从"u"到"ei"的过渡过程，并且以"ei"的音为主，其发音要清晰响亮，在发音过程中气流不中断。

（二）发音游戏

1. 微笑练习

拿出一张带有微笑表情的小卡片，引导孩子像卡片上一样反复练习微笑的唇形。

2. 舌头运动

准备一个小木棒，告诉孩子让他的舌尖跟随着自己的木棒运动，之后成人拿着小木棒开始移动。

二、听辨训练

能够听辨出"ui"，是正确发音的前提。

游戏 1：围上围巾

训练方法：准备一个人形模特、一条围巾、含有韵母 ui 的短语若干。成人慢慢朗读短语，每当读到含有"ui"音的字或词语时，儿童就为人形模特围一圈围巾。

训练促进点：提高儿童对"ui"音的敏感性和注意力。

训练材料：耐心排队、开会、打开衣柜、尖锐的小刀、灰尘、包围、昂贵、对错等。

游戏 2：堆糖山

训练方法：准备一堆糖，缓慢阅读提前准备好的语段。当儿童听到"ui"音时就从糖堆中拿出一颗放到一边，最后将拿出来的糖重新堆成一个糖山。

训练促进点：成人有感情地阅读语段可以训练儿童对"ui"音的敏感性和注意力。

训练材料：小慧在排队的时候，不小心踩到了环卫工人扫成堆的垃圾，扬起了很多灰尘。

三、发音诱导和联想

（一）发音诱导

先让儿童做出"u"的口型，然后将嘴角慢慢展开，舌位有一个由高到较低再升高的过程，舌头前伸，向"ei"的音过渡，可以联想打电话时说的"喂"(wēi)的发音。

（二）发音联想

1. 一起来排队：爸爸妈妈和儿童一起排队，在过程中引导儿童发出"队"(duì)的音。

2. 开会啦：家长和儿童模拟开家庭大会，在模拟过程中引导儿童发出"会"(huì)的音。

四、发音练习

（一）单字练习

堆（1B-408）队（1B-409）鬼（1G-616）轨（1G-619）

柜（1G-621）灰（1H-730）会（1H-739）碎（1S-1732）

推（1T-1834）腿（1T-1835）

（二）单字游戏

游戏 1：乌龟开会

训练方法：准备小凳子以及包含乌龟的动物卡片若干，成人引导儿童发出"龟"的音，每念出一次，便找出一个小乌龟卡片放在凳子上面。

训练促进点：提高儿童对发"ui"音的兴趣；提高儿童发音能力。

训练材料：龟。

游戏 2：徽章勇士

训练方法：准备徽章若干、几张带有徽章形状的填色小卡片。让孩子给卡片上色，并在过程中引导孩子发"徽"的音，当孩子填完一张卡片之后便给孩子一个徽章，重复填色的过程。

训练促进点：训练儿童不断发"ui"音；提高儿童的动手实践能力。

训练材料：徽章。

五、综合巩固

（一）词语训练

翠绿（1C-293）　排队（1D-409）　衣柜（1G-621）

桂花（1G-623）　徽章（1H-734）　绘本（1H-740）

葵花（1K-1001） 尖锐（1R-1537） 麦穗（1S-1733）

嘴唇（1Z-2489）

游戏：词语大探险

训练方法： 准备带有"ui"音词语的飞行棋和一个色子。成人和儿童轮流掷色子，在整个过程中成人都要注意引导儿童正确读出飞行棋盘上面标注的词语，并适当给予相应奖励。

训练促进点： 促进儿童对韵母 ui 的掌握；提高儿童学习兴趣。

训练材料： 嘴唇等。

（二）短语练习

一堆树叶（1D-408） 归心似箭（1G-615）

城市规划（1G-617） 蟾宫折桂（1G-623）

灰头土脸（1H-730） 家庭会议（1H-739）

欢迎惠顾（1H-741） 尖锐的物体（1R-1537）

后退一步（1T-1836） 张开嘴巴（1Z-2489）

游戏：拼音回家

训练方法： 准备带有"ui"音的汉字卡片以及拼音字母卡片若干，引导儿童使用拼音卡片拼出每个卡片下方标注的拼音。

训练促进点： 促进儿童对韵母 ui 的掌握。

训练材料： 后退一步、张开嘴巴等。

（三）短句训练

1.小慧带着花卉去参加会议了。

2.秋天到了，地上堆满了落叶，远处传来了一阵阵桂花香。

3. 绘本上有葵花和麦穗。

4. 慧慧摔了一跤，摔伤了腿，衣服也被一个尖锐的物体划破了。

5. 火车驶过轨道，掀起了一堆灰尘。

游戏：短句接龙

训练方法：成人和儿童各准备糖果若干。按照一定顺序站立，然后每个人都要正确念出含带"ui"音的字的句子，发音不正确者就要拿出自己的糖果，糖果最先耗尽者要将前面所有人的句子都念一遍。

训练促进点：促进儿童对韵母 ui 的掌握。

训练材料：远处的田野里有花卉和麦穗；大家都在耐心排队；等等。

（四）其他训练

岁岁、慧慧和睿睿，拿着水杯去接水。岁岁让慧慧，慧慧让睿睿，睿睿让岁岁，没人先接水。一二三，排好队，一个一个来接水。

游戏：排队接水

训练方法：成人和儿童分别扮演岁岁和慧慧，准备两个杯子。成人引导儿童排队接水，在过程中成人先说"岁岁排队先接水"，同时引导孩子说出"慧慧排队先接水"的句子。

训练促进点：促进儿童对韵母 ui 的掌握。

训练材料：慧慧、岁岁、水、队。

第十章　韵母 ao

一、发音原理

（一）发音部位及发音方法

1. 发音部位

"ao"属于前响复元音。它的起点元音比单元音 a 的舌位靠后，属于一个后低不圆唇的元音。在发"ao"时，舌头后缩，使舌面后部隆起，从"a"开始，舌位向"u"（拼写作"o"，但实际发音则更趋近于"u"）的方向滑动、升高。

2. 发音方法

发音时，先发"a"，并以其为主，发音清晰响亮；后发"u"音，发音轻短模糊。发音过程中，两音之间自然过渡，保持气流不中断，即两个元音之间无明显界限。

（二）发音游戏

1. 模仿小公鸡

当成人喊到"小公鸡"时，儿童模拟小公鸡，发出"嗷、嗷、嗷"的声音。

2. 打哈欠

儿童模拟打哈欠时的动作，将嘴巴张开大约三个手指宽，持续发出声音。

二、听辨训练

能够正确听辨出"ao"，是正确发音的前提。

游戏 1：前往终点

训练方法：在儿童的不同方位依次发出声音，儿童选择发出"ao"的方向前进，直到终点。

训练促进点：提高儿童对韵母 ao 的听辨能力及敏感度。

训练材料：a、o、e、ao、ou、iu 等。

游戏 2：听声变位

训练方法：分别在儿童的左右两边放出"ao"音和其他音，儿童需要在发出"ao"音的同时，举起对应的手。

训练促进点：提高儿童对"ao"音的听辨能力；提高儿童注意力。

训练材料：a、o、e、ao、ou、iu 等。

三、发音诱导和联想

（一）发音诱导

发音时，先发"a"的音，定准口型，然后舌尖后缩，舌根向上抬，做噘嘴动作，将嘴拢成圆形，在保持气流不中断的基础上轻轻地滑向"u"音。

（二）发音联想

1.穿棉袄：准备一件棉袄，成人一边帮助儿童穿棉袄，一边引导儿童发出"袄"的音。

2.老虎叫：准备老虎面具，成人一边戴上老虎面具，一边双手挥舞，模仿老虎咆哮的状态，并引导孩子发出"嗷"的音。

四、发音练习

（一）单字练习

宝^{bǎo}（1B-61）　抱^{bào}（1B-66）　豹^{bào}（1B-67）　草^{cǎo}（1C-166）

巢^{cháo}（1C-197）　烤^{kǎo}（1K-964）　脑^{nǎo}（1N-1292）　逃^{táo}（1T-1773）

药^{yào}（1Y-2133）　枣^{zǎo}（1Z-2303）

（二）单字游戏

游戏：小小动物园

训练方法：成人给出动物名称，儿童模拟动物叫声，比如，"公鸡——喔喔喔"，"鸭子——嘎嘎嘎"等。

训练促进点：综合提高儿童对多个韵母的掌握程度；提高儿童对动物的了解程度。

训练材料：喔、嘎、叽等。

五、综合巩固

（一）词语训练

书包（1B-59）　城堡（1B-64）　报纸（1B-65）
体操（1C-163）　猫咪（1M-1192）　跑步（1P-1346）
泡沫（1P-1347）　早晨（1Z-2302）　肥皂（1Z-2306）
洗澡（2Z-924）

游戏：奥特曼之友

训练方法：准备一些奥特曼的卡片。儿童认出卡片上的奥特曼，并说出奥特曼的名字，通过反复说出"奥特曼"提高对"ao"音的掌握。

训练促进点：提高儿童对韵母 ao 的掌握程度。

训练材料：奥特曼。

（二）短语训练

修剪花草（1C-166）一篇报道（1D-333）
测量身高（1G-544）参加高考（1K-963）

nián mài de lǎo rén
年迈的**老**人（1L-1036）

jī huà máo dùn
激化**矛**盾（1M-1194）

yì mén dà pào
一门大**炮**（1P-1345）

yáng guāng shào nián
阳光**少**年（1S-1582）

dà hǎi de bō tāo
大海的波**涛**（1T-1771）

xún zhǎo zú jī
寻**找**足迹（1Z-2345）

游戏：寻找小 ao

训练方法：游戏分为攻守双方轮流进行。儿童和成人轮流给出带有韵母 ao 的短语进行接力，另一人需要在对方给出短语后迅速找出带有韵母 ao 的字，直到一方攻或守失败，游戏结束。

训练促进点：提高儿童对韵母 ao 的掌握程度和敏感度。

训练材料：阳光**少**年、大海的波**涛**、激化**矛**盾等。

（三）短句练习

1. 河的两岸长了一大片**茂**密的芦苇。
2. **芍药**是多年生**草**本植物。
3. 我为我的祖**国**而自**豪**。
4. **保**护环境是我们每个人的责任。
5. 火红的**朝**阳从大海上冉冉升起。

游戏：藏字游戏

训练方法：儿童读句子，遇到含有"ao"音的字或词语时漏读，成人发现漏读后猜出漏读的字，之后让儿童重复读出此字。

训练促进点：提高儿童对韵母 ao 的掌握程度。

训练材料：河的两岸长了一大片**茂**密的芦苇；**芍药**是多年生**草**本植物；等等。

（四）其他训练

毛毛和**涛涛**，跳高又赛**跑**。**毛毛**跳不过**涛涛**，**涛涛**跑不过**毛毛**。**毛毛**起得**早**，教**涛涛**练跑；**涛涛**起得**早**，教**毛毛**跳高。**毛毛**学会了跳**高**，**涛涛**学会了赛跑。

　　游戏：运动会播报员

　　训练方法：儿童在成人的帮助下，从上述片段中提炼出运动员和项目进行播报。

　　训练促进点：提高儿童对韵母 ao 的掌握和语言表达能力。

　　训练材料："毛毛和涛涛"绕口令。

第十一章　韵母 ou

一、发音原理

（一）发音部位及发音方法

1. 发音部位

发"ou"时，首先嘴巴开口较大，舌位较低，接着嘴巴逐渐收拢，舌位抬高，声带振动发声。

2. 发音方法

发"ou"时，先发"o"的音，接着嘴巴逐渐收拢，舌位抬高，发出"u"的音。"o"念得长而响亮，"u"念得短而含混。

（二）发音游戏

1. 唇随指动

成人张开大拇指和食指，然后逐渐合拢，让儿童的嘴唇跟随成人的手指运动，重复合拢与张开嘴唇的动作。在游戏过程中儿童能够不断重复训练嘴唇由张开到合拢这一过程，提高唇部肌肉的灵活性。

2. 舌头大运动

先用两根小木棒放在儿童舌头下方，然后轻轻向上抬起，让儿童保持舌部放松的状态，感受舌位抬高的过程。重复几次之后撤下小木棒，让儿童自己进行舌位抬高。借助小木棒这一辅助工具帮助儿童舌部肌肉适应抬高的过程，增强儿童舌部肌肉的力量。

二、听辨训练

能够听辨出"ou"，是正确发音的前提。

游戏 1：涂色海鸥

训练方法： 准备一张带有许多海鸥的涂色绘本，含有韵母 ou 的短语若干。成人慢慢朗诵短语，当读到含有韵母 ou 的字或词语时，儿童就为一只海鸥涂上颜色。

训练促进点： 将听辨训练与涂色游戏结合在一起，既可以提高儿童对韵母 ou 的敏感性，又可以提高儿童对训练的兴趣。

训练材料： 飞翔的海鸥、呕吐不止、高楼大厦、像猴子一样、厚厚的衣服、疏通水沟、瓶子漏水、伸出双手、默默守护、授予证书等。

游戏 2：反应大王就是我

训练方法： 儿童与成人在游戏开始时都保持立正姿势，由另外一名成人朗读已经准备好的语段，当听到带"ou"音的字或词语时就要张开双臂，胜者可获得海鸥徽章一枚。

训练促进点： 通过游戏奖励机制，提高儿童的兴趣，使儿童的注意力能高度集中，达到更好的听辨训练效果。

训练材料： 八只小狗抬花轿，猴子坐轿把扇摇，一只小狗摔一跤，猴子对它踢一脚，小狗气得汪汪叫，猴子却在睡大觉，小狗抬轿到山腰，想个办法真正好，一二三，往上抛，猴子摔了一大跤。

三、发音诱导和联想

（一）发音诱导

发音时，先发"o"的音，发音长而响亮，接着舌位逐渐抬高，同时收拢嘴唇，发出"u"的音，发音短而模糊。

（二）发音联想

1.盖楼游戏：成人准备积木，一边搭房子，一边引导儿童发出"楼"的音。

2.画海鸥：成人准备画笔和画纸，一边带领儿童画海鸥，一边引导儿童发出"鸥"的音。

四、发音练习

（一）单字练习

抖（1D-390）豆（1D-392）否（1F-494）沟（1G-579）
狗（1G-581）喉（1H-684）猴（1H-685）厚（1H-56）
口（1K-983）楼（1L-1130）

（二）单字游戏

游戏1：盖高楼

训练方法：准备玩具积木若干。成人引导儿童发出"楼"的音，每念正确一词就向上搭一个，念错便撤掉一个。

训练促进点：提高儿童对发"ou"音的兴趣；通过不断训练，提高儿童发音能力。

训练材料：猴、厚、口、楼等。

游戏2：发音飞行棋

训练方法：准备一副飞行棋，成人和儿童同时参加，只有当正确念出含"ou"音的字或词语时才能获得扔骰子的权利，否则便失去这次机会，最快到达终点的人获胜。

训练促进点：利用儿童的好胜心理，激发儿童调动自己的思维并尽力发音，在训练中提高对"ou"音的熟悉程度。

训练材料：狗、侯、否、沟等。

五、综合巩固

（一）词语训练

lòu shuǐ
漏水（1L-1131）　
shuāng shǒu
双手（1S-1652）　
shǒu hù
守护（1S-1653）

yě shòu
野兽（1S-1657）　
shòu mài
售卖（1S-1658）　
shòu yǔ
授予（1S-1659）

xiǎo tōu
小偷（1T-1821）　
tóu fà
头发（1T-1822）　
tóu dì
投递（1T-1823）

tòu míng
透明（1T-1820）

游戏：纸飞机大作战

训练方法：在每张纸条上写下不同的带"ou"音的词语，然后折成纸飞机，成人和儿童各自挑选一些，然后进行比赛，看谁的纸飞机飞得更远，输了的人需要读出纸飞机上的词语。

训练促进点：让儿童在游戏与动手实践过程中始终保持对发音训练有一个较高的热情，提高儿童学习训练的积极性。

训练材料：投递、透明、小偷、头发等。

（二）短语训练

shuāng shǒu gǔ zhǎng
双手鼓掌（1S-1652）　
shǒu hù jiā yuán
守护家园（1S-1653）

shòu mài yī fu
售卖衣服（1S-1658）　
shòu yǔ zhèng shū
授予证书（1S-1659）

shū lǐ tóu fa
梳理头发（1T-1822）　
tóu dì kuài dì
投递快递（1T-1823）

xiōng měng de yě shòu
凶猛的野兽（1S-1657）　
tòu míng de bēi zi
透明的杯子（1T-1820）

kè zhōu qiú jiàn
刻舟求剑（1Z-2419）　
hào hàn yǔ zhòu
浩瀚宇宙（1Z-2423）

游戏：词语记忆大挑战

训练方法：准备若干带有拼音的可拆分汉字卡片。成人教儿童卡片上的汉字如何读，让儿童记忆一会儿之后，将带有"ou"音的字和拼音去掉，让儿童回忆去掉的是什么字，当儿童回答正确之后，将带"ou"音的汉字与拼音放回原位。

训练促进点：将儿童的记忆力训练与发音训练结合在一起。

训练材料：刻舟求剑、浩瀚宇宙等。

（三）短句训练

1. 军人们守护着我们的家园。
2. 王阿姨在商场售卖衣服。
3. 小明用透明的杯子喝水。
4. 爸爸和我一起在动物园看凶猛的野兽。
5. 妈妈用梳子梳理头发。

游戏：糖果守护

训练方法：准备糖果和带有"ou"音字或词语的句子的纸条，一个糖果和一张纸条为一组，成人和儿童各得十组，然后依次读出纸条上的句子，念出的人成功守护糖果，输者将失去糖果。

训练促进点：利用儿童对糖果的喜爱提高儿童学习的积极性与主动性。

训练材料：妈妈用梳子梳理头发等。

（四）其他训练

八只小狗抬花轿，猴子坐轿把扇摇，一只小狗摔一跤，猴子对它踢一脚，小狗气得汪汪叫，猴子却在睡大觉，小狗抬轿到山腰，想个办法真正好，一二三，往上抛，猴子摔了一大跤。

游戏：看谁先摔跤

训练方法：准备一个小狗玩偶和一个猴子玩偶。成人和儿童各执一个，然后轮流念出含有自己所执玩偶的句子，比如，拿着小狗玩偶的就先念出"八只小狗抬花轿"，然后拿着猴子玩偶的就要念出"猴子坐轿把扇摇"，依次往下，发音错误的人输掉比赛。

训练促进点：通过不断反复念含有"ou"音的字，训练儿童的发音，同时儿童也可以通过听成人读句子，再次熟悉韵母 ou 的发音。

训练材料：八只小狗抬花轿，猴子坐轿把扇摇，一只小狗摔一跤，猴子对它踢一脚，小狗气得汪汪叫，猴子却在睡大觉，小狗抬轿到山腰，想个办法真正好，一二三，往上抛，猴子摔了一大跤。

第十二章　韵母 ie

一、发音原理

（一）发音部位及发音方法

1. 发音部位

"ie"属于后响复元音，是前元音 i 和 e（对应《国际音标元音舌位唇形图》中的"ø"，非后半高不圆唇元音 e）的音素复合。起点元音是前高不圆唇元音 i（发音时舌位在前且位置较高，嘴唇不为圆形），嘴角展开，舌尖抵住下齿背，保持舌尖位置不变，舌位渐升，动程较窄，上下唇微张，使口腔半开，慢慢滑向前半低元音 e（发音时舌位在前且位置较低）。

2. 发音方法

发音时，由发"i"音开始，嘴角展开并保持，发音轻短；后发"e"音，嘴部微张，发音清晰响亮。发音过程中，两音之间自然过渡，保持气流不中断，即两个元音之间无明显的界限。

（二）发音游戏

1. 灵活舌头

准备蜂蜜，抹在下齿背上。引导儿童先用舌尖抵住下齿背舔到蜂蜜，再向上离开下齿背。这个活动可以练习发"ie"时舌位的运动变化。

2. 张合训练

准备山楂条，让儿童先用嘴唇含住山楂条再张开嘴把山楂条拿出。这个活动可以练习发"ie"音时嘴唇和口腔的变化。

二、听辨训练

能够听辨出"ie",是正确发音的前提。

游戏 1：字母卡片

训练方法：准备分别写有韵母 e、i、ie 的卡片，成人依次发音，儿童需要在成人每一次发音后准确指出相应的韵母卡片，并重复对应韵母的发音。

训练促进点：通过听辨这三个韵母，有利于分辨出韵母 ie。

训练材料：i、e、ie。

游戏 2：声调归位

训练方法：准备纸篓和乒乓球，在乒乓球上写上"切""茄""且""烈"等包含韵母 ie 四个声调的字，成人依次读出乒乓球上的字，儿童将写有不同音调字的乒乓球放入指定纸篓中。

训练促进点：通过区别带有韵母 ie 的字的四个音调，更好地帮助儿童掌握韵母 ie 的发音。

训练材料：切、茄、且、烈等。

三、发音诱导和联想

（一）发音诱导

发音时，先发"i"音，两边嘴角做"微笑"的动作，定准口型；然后慢慢滑向"e"的发音，气流不中断，上下唇微张，口腔由较小变为半开，嘴角继续保持"微笑"状。可以想象与其发音相似的"椰(yē)"音。

（二）发音联想

1.水果切切切：成人准备水果玩具，如苹果、香蕉、梨等。儿童模仿切水果的动作，并说出"切苹果""切香蕉"等词组，引导儿童重复并学会"切(qiē)"音。

2.贴膏药：成人引导儿童围成一圈，成人喊数字，儿童根据数字数目进行组合，并喊出"贴膏药"，练习"贴(tiē)"的发音。

四、发音练习

（一）单字练习

叠（1D-372） 蝶（1D-373） 烈（1L-1097） 裂（1L-1099）

灭（1M-1241） 捏（1N-1309） 切（1Q-1453） 茄（1Q-1454）

贴（1T-1800） 铁（1T-1801）

（二）单字游戏

游戏1：切蔬菜

训练方法：准备蔬菜橡皮泥和塑料小刀，引导儿童每切一种蔬菜时说出"切（蔬菜名称）"的短语。

训练促进点：通过多次重复"切"字和带有韵母ie的字，不断练习韵母ie的发音。

训练材料：切、茄子、番茄等。

游戏2：叠积木

训练方法：准备条形积木，引导儿童一层层向上叠起来时说出句子"叠一个积木""叠两个积木"等。

训练促进点：通过动手叠积木，不仅练习"ie"的发音，还锻炼动手能力。

训练材料：叠。

五、综合巩固

（一）词语训练

爹爹（1D-370） 跌倒（1D-371） 姐姐（1J-871）

结业（1J-867） 队列（1L-1095） 恶劣（1L-1096）

打 猎（1L-1089） 偷 窃（1Q-1456） 贴 切（1T-1800）

鞋 子（1X-2017）

游戏：鞋子分类

训练方法：准备爹爹的鞋、红色的鞋、白色的鞋等和鞋框。引导儿童将鞋子按照颜色和所有者分类，并说出"这是爹爹的鞋""这是红色的鞋""这是白色的鞋"等。

训练促进点：巩固儿童对韵母 ie 的发音。

训练材料：贴切、鞋子、打猎、偷窃等。

（二）短语训练

洁 白的雪花（1J-866） 盛大 节 日（1J-863）

解 决问题（1J-872） 世 界 和平（1J-876）

整齐的队 列（1L-1095） 热 烈 鼓掌（1L-1097）

协 助共事（1X-2012） 写 写 作业（1X-2018）

和 谐 社会（1X-2015） 穿上 鞋 子（1X-2017）

游戏：胜利天平

训练方法：准备短语卡片、天平和小砝码。儿童和成人依次读出卡片内容，读对的一方在天平上增加一个砝码，最终天平向哪一方倾斜哪一方胜利。

训练促进点：巩固儿童对韵母 ie 的发音。

训练材料：和谐社会、协助共事、穿上鞋子等。

（三）短句训练

1.冬天窗外飘着洁白的雪花。

2.我们要学会自主解决问题。

3. 小朋友们排着整齐的队列。

4. 爸爸监督我按时写作业。

5. 小明飞速穿上鞋子。

游戏：搭桥过河

训练方法：准备积木小桥和小河，制作短句卡片。儿童每成功读出一个句子，便能在小桥上铺一张卡片，直至全都读完，把小桥铺满才能顺利过河。

训练促进点：巩固儿童对韵母 ie 的发音。

训练材料：冬天窗外飘着洁白的雪花；我们要学会自主解决问题；等等。

（四）其他训练

茄子

姐姐借刀切茄子，去把儿去叶儿斜切丝，

切好茄子烧茄子、炒茄子、蒸茄子，

还有一碗焖茄子。

买鞋

姐姐上街去买鞋，斜街的爷爷专卖鞋。

爷爷给姐姐订制鞋，乐得姐姐谢爷爷。

游戏：前后相随

训练方法：儿童和成人接力，一人一个字地说出绕口令，如若读错或没有及时接着读，对方加一分，比赛结束后比较得分，最高者胜。

训练促进点：巩固儿童对韵母 ie 的发音。

训练材料：姐姐借刀切茄子，去把儿去叶儿斜切丝，切好茄子烧茄子、炒茄子、蒸茄子，还有一碗焖茄子。

姐姐上街去买鞋，斜街的爷爷专卖鞋。爷爷给姐姐订制鞋，乐得姐姐谢爷爷。

第十三章 韵母 iu

一、发音原理

（一）发音部位及发音方法

1. 发音部位

"iu"是"iou"的缩写，是"i"和"ou"结合构成的中响复元音。先发元音 i，唇形扁平，舌头前伸使舌尖抵住下齿背；然后过渡到"ou"的发音，舌位降低，舌头后缩，唇形拢圆，开口度变大；最后稍抬舌位，略缩开口度，口型向圆心收拢，比单韵母 u 的口型略开，舌位略低一些。

2. 发音方法

发音时，先发"i"音，轻短模糊，后向"ou"滑动，口型由扁到圆，舌位降低，舌头后缩，"ou"的发音相对较响。两音之间自然过渡，无明显界限，即舌头、嘴唇以至整个口腔共鸣器的形状要逐渐变动，气流不中断。

（二）发音游戏

1. 超级模仿

儿童与成人面对面坐好，成人口型呈微笑状，并发出"i"音，儿童进行模仿。重复以上动作可以训练儿童发音时的正确嘴形。

2. 纸片飘飘

成人准备纸片，引导儿童用力吹动纸片，发出"呼"音。重复以上动作可以训练儿童的正确发音动作。

二、听辨训练

能够听辨出"iu"，是正确发音的前提。

游戏1：字母辨认

训练方法：准备分别写有韵母 i、u、iu 的卡片，成人依次发音，儿童需要在成人每一次发音后准确指出相应的韵母卡片，并重复对应韵母的发音。

训练促进点：将单个韵母组合训练，达到复习巩固的效果；对新知识的学习有一定牵引作用，提高儿童对"iu"的反应能力。

训练材料：韵母 i、u、iu。

游戏2：倾听游戏

训练方法：成人缓慢念出短语，儿童认真倾听，重复成人念出的短语并判断带有韵母 iu 的词是哪个。

训练促进点：通过重复和判断训练，提高儿童对韵母 iu 的发音和听音能力。

训练材料：留守儿童、秋高气爽、救命稻草、五颜六色、刻舟求剑、保护地球、修理手机等。

三、发音诱导和联想

（一）发音诱导

发音时，先发"i"的音，然后滑向"ou"的音，气流不中断，舌头后缩，唇形拢圆，舌位先降低后略升，口型先变大后略缩，重音在"ou"。可以模仿纸飞机飞过时"咻（xiū）"的发音。

（二）发音联想

1.小牛哞哞：成人引导儿童将双手做牛角状放在额头上方，模仿牛发出"哞哞"的叫声，并练习"牛（niú）"的发音。

2.玩转纸球：儿童根据自己喜欢的颜色选择彩纸，成人引导其将彩纸揉成团状，在桌子上滚动，并练习"球（qiú）"的发音。

四、发音练习

（一）单字练习

丢（1D-381） 旧（1J-919） 舅（1J-922） 硫（1L-1121）

六（1L-1124） 牛（1N-1313） 丘（1Q-1474） 球（1Q-1478）

绣（1X-2054） 嗅（1X-2056）

（二）单字游戏

游戏 1：数字游戏

训练方法： 准备若干数字卡片以及加减乘除符号卡片。儿童需要选择相应数字及符号，使结果得6，并说出具体方式。

训练促进点： 巩固儿童对韵母 iu 的发音熟练程度；锻炼儿童数学运算能力。

训练材料： 六。

游戏 2：踢皮球

训练方法： 准备一个皮球。成人说出具体数字，儿童踢皮球至相应数量，并说出句子"踢皮球，踢皮球，一共踢 x 个"。

训练促进点： 巩固儿童韵母 iu 的发音，锻炼儿童的指令完成能力。

训练材料： 球。

五、综合巩固

（一）词语训练

研究（1J-915） 酒坛（1J-918） 溜冰（1L-1117）

流水（1L-1119） 柳树（1L-1123） 秋天（1Q-1475）

蚯蚓（1Q-1476）休息（1X-2049）害羞（1X-2051）

袖子（1X-2055）

游戏：词语堡垒

训练方法： 成人准备若干积木，并在积木上贴上含有韵母 iu 的词语。儿童进行积木的堆砌，并念出上面的词语。

训练促进点： 通过口语训练，有利于促进儿童对韵母 iu 的熟练程度和反应力。

训练材料： 蚯蚓、溜冰、流水、秋天等。

（二）短语训练

丢垃圾（1D-381）　　纠缠不清（1J-914）

救命稻草（1J-920）　留守儿童（1L-1120）

五颜六色（1L-1124）秋高气爽（1Q-1475）

刻舟求剑（1Q-1477）地球家园（1Q-1478）

修理手机（1X-2050）山清水秀（1X-2053）

游戏：猜成语

训练方法： 成人准备若干成语，将其中含有韵母 iu 的单字遮住，儿童根据剩下的提示进行成语猜测。例如，成人准备成语"五颜……色"，儿童需要大声猜出"五颜六色"。

训练促进点： 儿童在巩固发音的同时锻炼对成语的记忆能力，扩大儿童的词汇量。

训练材料： 五颜六色、刻舟求剑、山清水秀等。

（三）短句训练

1.我们经常玩"丢手绢"的游戏。

2. 酒后驾驶是违法的。

3. 我们一回到家就写作业。

4. 蚯蚓被称为"生态系统的工程师"。

5. 人民英雄永垂不朽。

游戏：丢手绢

训练方法：成人与儿童围坐一圈，一边唱《丢手绢》儿歌，一边进行手绢的传递，音乐停止，手绢传到谁手中，谁就需要当众表演节目。

训练促进点：通过"丢手绢"游戏熟悉韵母 iu 的发音；锻炼儿童的反应能力。

训练材料:《丢手绢》儿歌。

（四）其他训练

大皮球，圆溜溜，小妞妞，拍皮球，一二三,四五六,七八九，皮球亲亲妞妞手，嘿咻嘿咻真快乐！

游戏：滚皮球

训练方法：成人准备一个皮球，儿童需将皮球滚到指定地点，引导儿童说出"大皮球，圆溜溜"。

训练促进点：边玩边学，提高学习兴趣。

训练材料：大皮球，圆溜溜。

第十四章　韵母 üe

一、发音原理

（一）发音部位及发音方法

1. 发音部位

"üe"属于后响复韵母，由"ü"与"e"构成。它的起点元音"ü"是一个舌位靠前、较高元音，发音时唇形收圆，舌尖位于下齿背较低处，在发音的过程当中，舌位逐渐降低，唇形由圆唇逐渐展开，滑向舌位靠前的半低元音 e。

2. 发音方法

发音时，由"ü"音开始，其音轻而短，后发"e"音，发音较长且声音响亮，两音之间自然过渡。舌头、嘴唇以至整个口腔的形状要逐渐变动，气流不中断，即两个元音之间无明显界限。

（二）发音游戏

1. 夹铅笔

儿童将嘴巴噘起，在嘴巴和鼻子之间夹一支铅笔，持续发"ü"的音，锻炼儿童的嘴部肌肉。

2. 吹蜡烛

准备一根蜡烛。由成人将蜡烛点燃并放到适当距离，儿童吹蜡烛，锻炼儿童嘴巴两侧肌肉和气息稳定的程度。

二、听辨训练

能够听辨出"üe"，是正确发音的前提。

游戏1：奇门阵法

训练方法：儿童蒙着眼睛，成人在儿童的前后左右方向上随机读出各种拼音，当儿童听到"üe"音时，向该方向移动一步。

训练促进点：提高儿童对韵母 üe 的听辨能力及敏感度；锻炼儿童听音辨方向的能力。

训练材料：ɑ、o、e、i、u、ü、üe 等。

游戏2：小法官

训练方法：两个成人分别持有字母卡片，并轮流依次读出对方的卡片，当读到"üe"的时候，儿童需要敲一下桌子。

训练促进点：加强儿童对韵母 üe 的敏感性和注意力。

训练材料：ɑ、o、e、i、u、ü、üe 等。

三、发音诱导和联想

（一）发音诱导

发音时，先发"ü"的音，定准口型，然后慢慢滑向"e"的音，口型由合到半开，嘴角逐渐向两边展开，在保持气流不中断的基础上轻轻地滑向"e"。

（二）发音联想

1. 穿靴子：准备一双靴子。家长一边帮助儿童穿靴子，一边引导儿童发出"靴（xuē）"的读音。

2. 听音乐：准备一首儿童喜欢的儿歌的音频。家长一边播放音频，一边引导儿童说出"音乐"，练习"乐（yuè）"的发音。

四、发音练习

（一）单字练习

掘（1J-944） 穴（1X-2073） 雪（1X-2075） 血（1X-2076）

月（1Y-2272） 跃（1Y-2277） 爵（2J-372） 瘸（2Q-632）

粤（2Y-916）

（二）单字游戏

游戏：赏月

训练方法：准备月亮各种状态的图片，展示给儿童，让儿童说出月亮不同状态的名称。

训练促进点：通过不断让儿童说"月"，提高儿童对韵母 üe 的掌握程度，丰富儿童知识。

训练材料：新月（朔月）、蛾眉月、上弦月、盈凸月、满月等。

五、综合巩固

（一）词语游戏

绝句（1J-942） 缺少（1Q-1497） 麻雀（1Q-1499）

喜鹊（1Q-1501） 学习（1X-2074） 大约（1Y-2271）

喜悦（1Y-2275） 阅读（1Y-2276） 诀别（2J-369）

雨靴（2X-836）

游戏：卡牌大作战

训练方法：准备多张带有韵母 üe 的字或词语的卡牌，背面随机写上相同数量的"剪刀""石头""布"，参与者各拿三张进行出牌，输的一方要读出卡牌上的词语，做出相应动作或进行描述。

训练促进点：提高儿童对韵母 üe 的掌握程度，加深儿童对词语的理解。

训练材料：挖掘、学习、喜悦、喜鹊、大约等。

（二）短语练习

表明决心（1J-941）　　绝密文件（1J-942）

精确的数据（1Q-1500）甜蜜约会（1Y-2271）

好吃的月饼（1Y-2272）雄伟的五岳（1Y-2273）

欢快地跳跃（1Y-2277）跨越高山（1Y-2278）

倔强的背影（2J-370）　大国崛起（2J-371）

游戏：排列组合

训练方法：将准备好的短语以字为单位拆开，让儿童进行组合，并读出组合好的词语。

训练促进点：提高儿童对韵母 üe 的掌握程度；提升儿童语感。

训练材料：表明决心、好吃的月饼、跨越高山、大国崛起、欢快地跳跃等。

（三）短句训练

1.这个精彩的表演令人拍案叫绝。

2.那个脸上有雀斑的女孩是我姐姐。

3.运动可以帮助人们忘却烦恼。

4.我确实去过那里。

游戏：遣词造句小能手

训练方法：将若干个短句拆分成短语，让儿童造句。

训练促进点：提高儿童对韵母 üe 的掌握程度；增强儿童的表达能力。

训练材料：运动可以帮助人们忘却烦恼等。

（四）其他训练

真绝，真绝，真叫绝，皓月当空下大雪，麻雀游泳不飞跃，鸠占鹊巢鹊喜悦。你说是不是真绝。

游戏：我是主持人

训练方法：成人和儿童一起练习一段语句，要求发音标准、用时短，将时间记录下来，看看谁更厉害。

训练促进点：巩固儿童对韵母 üe 的掌握。

训练材料：真绝，真绝，真叫绝，皓月当空下大雪，麻雀游泳不飞跃，鸠占鹊巢鹊喜悦。你说是不是真绝。

第十五章　韵母 er

一、发音原理

（一）发音部位及发音方法

1. 发音部位

"er"属于舌尖上翘带有卷舌的央元音。发"er"时，口型略开，舌位居中，舌头稍稍后缩，舌尖向硬腭卷起，唇形不圆。

2. 发音方法

发音时，先发单韵母"e"的音，后将舌头卷起来对着硬腭（"e"表示发音时舌头的位置，"r"表示卷舌的动作）。在发音过程中，两个字母同时发音，舌位、唇形、开口度始终不变。

（二）发音游戏

1. 卷舌糖果

成人准备一颗糖果，让儿童放在舌头中部，再用舌头将糖果卷起来，保持糖果在舌头上的位置。

2. 123 不许动

成人利用筷子引导儿童的嘴唇逐渐向两边展开，展开到最大程度之后再循环这一过程，成人说出"123不许动"之后，儿童的嘴唇要保持不动的状态。

二、听辨训练

能够听辨出"er"，是正确发音的前提。

游戏1：逢"2"过

训练方法：准备1~100的数字卡片，并依次排列在儿童面前，成人不规律地念出数字，当听到含"2"的数字时，儿童就找出这个数字卡片放在一边。

训练促进点：提高儿童对"er"音的注意力和敏感度。

训练材料：1、2、3、4……50。

游戏2：我是钓鱼小高手

训练方法：准备一个玩具钓鱼竿与若干小鱼，成人缓慢读出带有"er"音的语段，当听到带"er"音的字时，儿童就用钓鱼竿钓出一条小鱼。

训练促进点：提高儿童对"er"音的听辨能力。

训练材料：小耳朵，本领大，我们都要保护它。听音乐戴耳机，声音不要开太大。马路上有噪音，捂住耳朵快快跑。北风北风呼呼吹，戴上耳罩不怕冻。耳朵耳朵用处大，一定保护好耳朵。

三、发音诱导和联想

（一）发音诱导

发音时，先发"e"的音，舌位居中，定准口型，然后舌头慢慢向后缩，直至舌尖对准硬腭。

（二）发音联想

1.找五官：成人随机指自己脸上的五官，并让儿童进行辨认，引导儿童发出"耳"的音。

2.认关系：成人准备家族关系示意图，并带领儿童进行学习，引导儿童发出"儿"的音。

四、发音练习

（一）单字练习

儿（1E-427）而（1E-428）尔（1E-429）耳（1E-430）

二（1E-431）饵（2E-190）贰（2E-191）

（二）单字游戏

游戏 1：闻耳而起

训练方法：儿童坐在小板凳上，当听到成人说其他器官时要用手准确摸到相应的身体部位，但当成人念到"耳"字时，在摸耳朵的同时要站起来并说出"耳"字。

训练促进点：提高儿童对"er"音的熟悉程度与发音能力。

训练材料：耳。

游戏 2：疯狂填色卡

训练方法：准备包含数字的填色卡若干。让儿童将包含数字"2"的填色卡进行填色，在填色过程中不断引导儿童发出"二"的音。

训练促进点：提高儿童对韵母 er 的掌握能力与动手实践能力。

训练材料：1、2、3、4……50。

五、综合巩固

（一）词语训练

儿子（1E-427） 然而（1E-428） 尔雅（1E-429）

耳朵（1E-430） 木耳（1E-430） 耳环（1E-430）

二手（1E-431） 鱼饵（2E-190） 诱饵（2E-190）

游戏：糖换鱼

训练方法：准备两个玩具池塘、若干小鱼与糖果。先将小鱼全部放在成人一方的池塘中，糖果放在儿童的池塘中，游戏规定，儿童正确说出一个含韵母 er 的词语可获得一条鱼，说错了需要给成人一颗糖果。

游戏促进点：提高儿童对"er"音的掌握程度。

训练材料：鱼饵、诱饵等。

（二）短语训练

qī **ér** lǎo xiǎo　　　　bàn tú **ér** fèi
妻**儿**老小（1E-427）半途**而**废（1E-428）

bù láo **ér** huò　　　　pāi àn **ér** qǐ
不劳**而**获（1E-428）拍案**而**起（1E-428）

cóng tiān **ér** jiàng　　　chū **ěr** fǎn **ěr**
从天**而**降（1E-428）出**尔**反**尔**（1E-429）

zhuó **ěr** bù qún　　　　gāo **ěr** fū qiú
卓**尔**不群（1E-429）高**尔**夫球（1E-429）

miàn hóng **ěr** chì　　　yǎn **ěr** dào líng
面红**耳**赤（1E-430）掩**耳**盗铃（1E-430）

游戏：识图大挑战

训练方法： 准备若干张带有含"er"音的四字词语的卡片，先让儿童熟悉词语与图片，再利用胶带等工具将词语遮住，让儿童根据图片回忆并读出相应词语。

训练促进点： 加强儿童对"er"音的熟悉度；提高记忆能力。

训练材料： 面红**耳**赤、掩**耳**盗铃等。

（三）短句训练

1. 小明是王阿姨的**儿**子。

2. 妈妈的**耳**环真漂亮。

3. 爷爷**二**话不说就给我买了小汽车。

4. 一个苹果从天**而**降。

5. 高**尔**夫球比乒乓球大。

游戏：看图说话小能手

训练方法： 准备带有"耳环""耳朵""鱼饵"等"er"音物品的图片若干，让儿童根据图片上的内容造句，句子中包含"er"音的字越多，奖励越丰厚。

训练促进点： 提高儿童对"er"音的掌握能力和语言表达能力。

训练材料： 妈妈的**耳**环真漂亮等。

（四）其他训练

小耳朵，本领大，我们都要保护它。听音乐戴耳机，声音不要开太大。马路上有噪音，捂住耳朵快快跑。北风北风呼呼吹，戴上耳罩不怕冻。耳朵耳朵用处大，一定保护好耳朵。

游戏：护好我的小耳朵

训练方法：准备好阅读训练材料，成人与儿童接力读材料，当读到带"er"音的字时，需要捂住自己的耳朵。

训练促进点：巩固儿童对"er"音的掌握程度。

训练材料：小耳朵，本领大，我们都要保护它。听音乐戴耳机，声音不要开太大。马路上有噪音，捂住耳朵快快跑。北风北风呼呼吹，戴上耳罩不怕冻。耳朵耳朵用处大，一定保护好耳朵。

第十六章　韵母 an

一、发音原理

（一）发音部位及发音方法

1. 发音部位

"an"属于前鼻韵母，由"a"和"n"两个音素构成。起点是舌面央低不圆唇元音"a"，"a"在"an"中的实际读音为 [a]。嘴形展开，舌面放平，舌面中部微凹，舌根压低保持气流通畅，舌尖自然抵住下齿背，嘴形逐渐收小，舌位渐升，直至舌尖抵住上牙床终止。动程很窄，"a"响而长，"n"弱而短。

2. 发音方法

发音时，由"a"音开始，舌面自然放平，舌尖抵住下齿齿龈，双唇自然展开；后发"n"音，舌尖逐渐抬起，顶住上牙床发"n"的音。由"a"音自然过渡到"n"音，声带振动发音。

（二）发音游戏

1. 追逐糖果

准备棒棒糖。让儿童打开口腔，将舌尖抵在下齿背，将棒棒糖放在儿童上牙膛上，引导儿童舌尖上抬接触棒棒糖。重复以上动作可以训练儿童舌尖的灵活度。

2. 张合游戏

准备压舌板。让儿童张大嘴巴将压舌板伸入口腔中，然后让儿童慢慢合上口腔，碰到压舌板停止。重复以上动作可以训练儿童口腔由全开逐渐变小的能力。

二、听辨训练

能够听辨出"an"，是正确发音的前提。

游戏 1：游览众山

训练方法：准备画有中国名山的卡片。成人依次念出山的名字，儿童仔细倾听，并找到相应的卡片。

训练促进点：提高儿童对韵母 an 的听辨能力。

训练材料：泰山、华山、黄山、衡山、恒山、嵩山、太行山等。

游戏 2："an"音捕手

训练方法：成人缓慢念出卡片上的词语，儿童认真倾听。成人每念完一个词语，儿童要说出词语中带有韵母 an 的字是哪个。

训练促进点：促进儿童对韵母 an 的敏感度和反应力。

训练材料：鸡蛋、滑板、花瓣、天安门、难度、板书、汉语、严寒等。

三、发音诱导和联想

（一）发音诱导

发音时，先发"a"的音，舌面自然放平，舌尖抵住下齿齿龈，双唇自然打开，声带振动发音，双唇自然缩小，舌面抵住硬腭前部，感觉口腔气路被舌面前部堵住，由"a"音慢慢过渡到"n"音。两个动作连接起来，发出"an"音。

（二）发音联想

1.下雨打伞：成人双手向下挥动，模仿下雨，引导儿童说出"伞"（sǎn）的音。

2.眼睛眨眨：准备彩纸。成人教儿童画出眼睛的图案，一边画图一边引导儿童发出"眼"（yǎn）的读音。

四、发音练习

（一）单字练习

搬（1B-46） 板（1B-47） 伴（1B-51） 瓣（1B-53）

担（1D-313） 蛋（1D-320） 翻（1F-440） 饭（1F-448）

帆（1F-438） 肝（1G-534）

（二）单字游戏

游戏1：汉字重组

训练方法：准备偏旁与部首卡片。成人挑出韵母为"an"的部首，让儿童选择偏旁组成正确的字，并读出所组成的字。

训练促进点：提升儿童对含有韵母 an 的汉字的敏感度。

训练材料：伴、拌等。

游戏2：数鸡蛋

训练方法：成人准备若干个鸡蛋，让儿童数数，引导儿童重复说出"一个鸡蛋""两个鸡蛋"……

训练促进点：重复训练，多次重复"蛋"字，可以准确地练习"an"音。

训练材料：鸡蛋。

五、综合巩固

（一）词语训练

感动（1G-537） 寒冷（1H-638） 韩国（1H-639）

干旱（1H-644） 流汗（1H-643） 报刊（1K-956）

砍伐（1K-958） 看见（1K-959）

游戏：你画我猜

训练方法：将词语与图片制成卡片。成人按照卡片比画出对应词语让儿童猜，成人引导儿童正确读出该词语。

训练促进点：将生动形象的图片与词语相结合，促进儿童对韵母 an 的发音。

训练材料：流汗、看见、砍伐等。

（二）短语训练

sān gù máo lú
三顾茅庐（1S-1547）

gān dǎn xiāng zhào
肝胆相照（1G-534）

bàn yǎn jué sè
扮演角色（1B-52）

běi jīng tiān ān mén
北京天安门（1A-13）

cān jiā diǎn lǐ
参加典礼（1C-153）

fēng cān lù sù
风餐露宿（1C-154）

nán guò de xīn qíng
难过的心情（1N-1289）

yí piàn xuě huā
一片雪花（1P-1373）

sǎn wén shī piān
散文诗篇（1P-1372）

piào liang de yǔ sǎn
漂亮的雨伞（1S-1548）

游戏："an"字接龙

训练方法：成人与儿童依次说出带有韵母 an 的四字词语。

训练促进点：提高儿童对韵母 an 的掌握程度；提高儿童的反应速度。

训练材料：参加典礼、风餐露宿等。

（三）短句训练

1. 我爱北京天安门。

2. 妈妈煮了一碗面条。

3. 他喜爱阅读散文诗篇。

4. 小溪流水潺潺。

游戏：抢气球

训练方法：准备5个气球，气球上写5句带有韵母 an 的字的短句。成人在室内放飞气球并念出任一句子，儿童寻找对应气球并大声读出句子。

训练促进点：提高儿童对韵母 an 的掌握程度。

训练材料：小溪流水潺潺等。

（四）其他训练

编辫

大姐编辫，两个人编。

二姐编那半边，三姐编这半边；

三姐编这半边，二姐编那半边。

蓝布棉门帘

出前门，往正南，有个面铺面冲南，门口挂着蓝布棉门帘。

摘了它的蓝布棉门帘，面铺面冲南，给他挂上蓝布棉门帘，面铺还是面冲南。

游戏：跳皮筋

训练方法：成人与儿童在"蓝布棉门帘"绕口令的录音下，跟随吟诵跳皮筋，练习韵母 an 的发音。

训练促进点：提升儿童对韵母 an 的发音能力。

训练材料：出前门，往正南，有个面铺面冲南，门口挂着蓝布棉门帘。摘了它的蓝布棉门帘，面铺面冲南，给他挂上蓝布棉门帘，面铺还是面冲南。

第十七章　韵母 en

一、发音原理

（一）发音部位及发音方法

1. 发音部位

"en"属于开口呼，前鼻韵母。由"e"和"n"两个音素组成。起点元音是前半高不圆唇元音"e"（前半高不圆唇即舌面前、舌位半高、不圆唇）。舌位渐升，舌面前部抵住硬腭前部，当两者将要接触时，软腭下降，舌面前部与硬腭前部闭合使气流从鼻腔泻出。舌位移动较小，发音动程较窄。

2. 发音方法

发音时，由"e"开始，并以其为主，发音清晰响亮；后发"n"音，发音轻短模糊，两音之间自然过渡。舌头、嘴唇以至整个口腔的形状要逐渐变动，气流不中断，即两个元音之间无明显界限。

（二）发音游戏

1. 果酱回家

成人把果酱抹在儿童的口周，让儿童伸出舌头来舔果酱，练习舌的运动范围。扩大孩子舌头的运动范围和运动角度，促进舌头的灵活性。

2. 手指跳舞

成人用手触碰孩子面颊不同位置，让儿童在口腔内用舌尖抵住触碰位置。后期可以加快速度变换位置，当舌尖抵住面部位置时，增加手指按压力度。锻炼舌头灵活性、增强舌头肌肉控制能力和力度，改善口腔协调运动能力。

二、听辨训练

能够听辨出"en",是正确发音的前提。

游戏1:除蚊大作战

训练方法:准备含有韵母 en 的若干短语和一支铅笔。成人在纸上画出若干只蚊子,慢慢朗读短语,每当读到含有韵母 en 的字时,儿童用笔消除一只蚊子,消灭所有蚊子即为作战成功。

训练促进点:可以训练儿童对"en"音的敏感度和注意力。

训练材料:波纹、温暖、文化、安稳、文韬武略、一只蚊子、一个问题、博闻强识等。

游戏2:我是大侦探

训练方法:成人在白纸上画一个没上色的侦探人物形象,缓慢读出准备好的语段,当儿童听到"en"音时就画一笔,最后给侦探人物完成上色。

训练促进点:加强儿童对"en"音的敏感度和注意力。

训练材料:陈庄程庄都有城,陈庄城通程庄城。陈庄城和程庄城,两庄城墙都有门。陈庄城进程庄人,陈庄人进程庄城。请问陈程两庄城,两庄城门都进人,哪个城进陈庄人,程庄人进哪个城?

三、发音诱导和联想

(一)发音诱导

发音时,先发"e"的音,定准口型,然后慢慢滑向"n"的发音,气流不中断,舌尖上移,口型由开到闭,最后舌尖轻抵上牙齿背部,让气流从鼻孔流出。

(二)发音联想

1.小兔子乖乖:成人带领儿童站在门旁,一边敲门,一边唱《小兔子乖乖》,引导儿童发"门（mén）"的音。

2.发作业本:成人准备几个不同的作业本,模拟课堂发作业本,引导儿童发"本（běn）"的音。

四、发音练习

（一）单字练习

本^{bǎn}（1B-82）　笨^{bèn}（1B-81）　恩^{ēn}（1E-426）　分^{fēn}（1F-471）
纷^{fēn}（1F-472）　芬^{fēn}（1F-473）　粉^{fěn}（1F-475）　份^{fèn}（1F-476）
根^{gēn}（1G-562）　跟^{gēn}（1G-563）

（二）单字游戏

游戏 1：十万个"问"什么

训练方法：准备若干问题卡片，如为什么太平洋周围地震最多、为什么油烧着了不能用水泼、为什么有时越睡越困等。成人展示卡片时，引导儿童说出句子"这个问题是：为什么……"

训练促进点：重复训练这个句子，训练韵母 en 的发音。

训练材料：为什么太平洋周围地震最多；为什么油烧着了不能用水泼；为什么有时越睡越困等。

游戏 2：芝麻开门

训练方法：准备一个不透明的盒子，里面放上各种口味的泡泡糖，儿童每念一次"芝麻开门"，便可以拿出一块泡泡糖。

训练促进点：促进儿童对韵母 en 的发音。

训练材料：芝麻开门。

五、综合巩固

（一）词语训练

本^{běn}子^{zi}（1B-82）　　奔^{bēn}跑^{pǎo}（1B-81）　　粉^{fěn}色^{sè}（1F-475）

痕迹（1H-668） 爱恨（1H-671） 肯定（1K-977）

木门（1M-1213）喷壶（1P-1354）盆子（1P-1355）

人民（1R-1535）

游戏：积分达人

训练方法：准备若干含有韵母 en 的词语卡片，儿童每将一个词语大声读三次，即可以积一分。

训练促进点：促进儿童对韵母 en 的掌握。

训练材料：喷壶、本子、人们等。

（二）短语训练

一个本子（1B-82）　　　爱恨分明（1H-671）

闷闷不乐（1M-1214）　火山喷发（1P-1354）

一片森林（1S-1556）　好看的文具（1W-1895）

一只蚊子（1W-1898）　一个问题（1W-1901）

粉色的衣服（1F-475）擦除痕迹（1H-668）

游戏：小文逛超市

训练方法：成人在纸上画出一个人物图案，手中的购物篮中有粉色的衣服、好看的本子、一对珍珠耳环、一个小喷壶，引导儿童说出以上短语。

训练促进点：提升儿童对韵母 en 的掌握能力；增强儿童反应能力。

训练材料：粉色的衣服、好看的本子、一对珍珠耳环、一个小喷壶等。

（三）短句训练

1.为人民服务。

2.我们要认真严肃改正自身的问题。

3.我们要爱护森林资源。

4.学生们在操场上尽情奔跑。

5.小明得到了大人的肯定。

游戏：连词成句

训练方法：准备若干完整的句子。将每个句子按短语打乱，制作词语卡片，儿童拼成完整的句子，念出并重复这个句子。例如，卡片上的短语为"在操场上""尽情奔跑"和"学生们"，儿童念出"学生们在操场上尽情奔跑"并重复。

训练促进点：巩固对韵母en的发音和表达能力；提高儿童的注意力。

训练材料：为人民服务；我们要认真严肃改正自身的问题；我们要爱护森林资源；学生们在操场上尽情奔跑；小明得到了大人的肯定等。

（四）其他训练

陈庄程庄都有城，陈庄城通程庄城。陈庄城和程庄城，两庄城墙都有门。陈庄城进程庄人，陈庄人进程庄城。请问陈程两庄城，两庄城门都进人，哪个城进陈庄人，程庄人进哪个城？

游戏：句子接龙

训练方法：准备好训练材料，成人起头读第一句，让儿童读下一句，如此重复直到结束，熟练后成人与儿童顺序互换直到结束。

训练促进点：促进儿童对韵母en的掌握；训练儿童的反应能力。

训练材料：陈庄程庄都有城，陈庄城通程庄城。陈庄城和程庄城，两庄城墙都有门。陈庄城进程庄人，陈庄人进程庄城。请问陈程两庄城，两庄城门都进人，哪个城进陈庄人，程庄人进哪个城？

第十八章　韵母 in

一、发音原理

（一）发音部位及发音方法

1.发音部位

"in"属于前鼻韵母，是前元音 i 与鼻辅音 n 的音素复合。发音时，首先，舌尖需抵住下齿背，软腭上升，关闭鼻腔通路。随后，舌面升高，舌面前部抵住硬腭前部，当两者将要接触时，软腭下降，打开鼻腔通路，紧接着舌面前部与硬腭前部闭合，让气流全都从鼻腔送出。

2.发音方法

发音时，由元音 i 开始，并以"i"为主，发音清晰响亮；后发鼻辅音 n，发音轻短模糊，两音之间自然过渡，鼻音逐渐增加。同时，整个发音过程中气流不中断，即两个音之间无明显界限。

（二）发音游戏

1.及时闭合

成人戴上一次性手套，引导儿童发"i"音，发音到一半时，用手将儿童嘴唇合上，但儿童继续发音。儿童可感受到从元音到鼻音发音的变化。

2.棒棒糖

引导儿童口腔微张，舌头抵住下齿背。贴近嘴唇放置棒棒糖，儿童把舌头从下齿背向上伸平舔到棒棒糖。

二、听辨训练

能够听辨出"in"，是正确发音的前提。

游戏 1：顺风耳

训练方法： 准备带有韵母 in 和韵母 ing 的字的卡片，成人每说出一个字，儿童要从众多卡片中寻找出相应的字卡。

训练促进点： 有利于儿童分辨"in"和"ing"的发音。

训练材料： 殷、音、银、印、赢、影、鹰等。

游戏 2：擦玻璃

训练方法： 准备几个玩偶，分别命名为小琴、小静、小欣、小萍、小林。成人说"请小萍擦玻璃""请小琴擦玻璃"……儿童要找出相应玩偶模仿擦玻璃的动作。

训练促进点： 将玩偶角色命名为韵母是"in"和"ing"的字，通过听辨找出正确的玩偶，有利于训练儿童对"in"的敏感度。

训练材料： 小琴、小静、小欣、小萍、小林等。

三、发音诱导和联想

（一）发音诱导

发音时，先发"i"的音，定准口型后，软腭下降，口型由开到闭，舌尖下垂再向上抵住上齿龈，让气流从鼻腔通过，在保持气流不中断的基础上轻轻地滑向"n"。

（二）发音联想

1.拼拼图：准备一张儿童喜爱的拼图。成人一边陪儿童拼图，一边引导儿童发出"拼"的读音。

2.叠毛巾：准备一条儿童自己使用的毛巾。成人一边教儿童如何自己动手叠毛巾，一边引导儿童发出"巾"的读音。

四、发音练习

（一）单字练习

金（1J-881） 林（1L-1100） 磷（1L-1104） 秦（1Q-1459）
琴（1Q-1460） 心（1X-2026） 信（1X-2030） 银（1Y-2186）
闽（2M-517） 擒（2Q-621）

（二）单字游戏

游戏 1：金角银角

训练方法：准备金色和银色的卡纸，折成金角和银角，分别戴在儿童头上，引导儿童在每做一个动作时，说出句子"金角大王在喝水""银角大王在写字"……

训练促进点：通过角色扮演，引导儿童多次说出"金"和"银"，促进儿童对"in"发音的熟练程度。

训练材料：金、银。

游戏 2：我是小信差

训练方法：准备5个封信，分别署名为小金、小殷、小尹、小英、小颖。儿童扮演信差，分别说出"这封信是给小金的""这封信是小尹的"……

训练促进点：重复句子，不仅能练习"in"音，还能与"ing"相区别。

训练材料：信、金、殷、尹、英、颖。

五、综合巩固

（一）词语训练

天津（1J-882） 淋雨（1L-1103） 您好（1N-1310）

贫困（1P-1380）　阴天（1Y-2183）　鱼鳞（2L-454）

器皿（2M-516）　芹菜（2Q-620）　芯片（2X-815）

树荫（2Y-883）

游戏：连连读

训练方法： 将韵母 in 与声母 j、l、n、p、y、m、q、x 分别写在卡片上，成人引导儿童依次将声母与韵母组合，读出词语。

训练促进点： 促进儿童对"in"发音的熟练程度。

训练材料： j、l、n、p、y、m、q、x、in。

（二）短语训练

禁止吸烟（1J-893）　　　人民群众（1M-1242）

机敏的豹子（1M-1243）品尝美食（1P-1382）

新买的衣服（1X-2029）流行音乐（1Y-2184）

吟诵古诗（1Y-2185）　　寒风凛冽（2L-455）

拎着篮子（2L-459）　　美满的婚姻（2Y-881）

游戏：短语登山

训练方法： 在黑板上画出山峰，在每一节位置上用磁贴将短语卡片粘上去，引导儿童从山脚开始读出短语，每完成一个位置可以向上攀登一级，直至登上山顶。

训练促进点： 巩固儿童对韵母 in 发音的掌握程度。

训练材料： 吟诵古诗、寒风凛冽等。

（三）短句训练

1. 今天妈妈带我去公园散步。

2. 宝宝出生时大约七斤重。

3. 勤俭节约是中华民族的传统美德。

4. 她对儿子的成功感到欣慰。

5. 小鸡从土里啄出一条蚯蚓。

游戏：坐火车

训练方法： 准备玩具火车和玩偶，把每一个短句粘在火车车厢上。要想让玩偶成功坐上火车，必须把每一节车厢的短句读完，最后玩偶才能顺利上车。

训练促进点： 巩固儿童对韵母 in 发音的掌握程度。

训练材料： 今天妈妈带我去公园散步；宝宝出生时大约七斤重等。

（四）其他训练

你也勤来我也勤，生产同心土变金。工人农民亲兄弟，心心相印团结紧。

游戏：争分夺秒

训练方法： 引导儿童将绕口令读熟，每读一次计一次时，比较计时长短，锻炼"in"的发音。

训练促进点： 巩固儿童对韵母 in 发音的掌握程度。

训练材料： 你也勤来我也勤，生产同心土变金。工人农民亲兄弟，心心相印团结紧。

第十九章　韵母 un

一、发音原理

（一）发音部位及发音方法

1. 发音部位

"un"属于带鼻音韵母，是"uen"的省略，实际发音由元音 u、e 和鼻辅音 n 构成。起点元音是后高圆唇元音 u，发音轻而短，中间是较为响亮的元音 e，最后以鼻辅音 n 结尾，"n"发音时气流在舌尖抵住上齿龈时受阻，声带振动，口腔中的发音部位完全闭塞，气流从鼻腔通过。

2. 发音方法

发音时，由元音 u 开始，双唇拢圆，留一小孔，舌头后缩，使舌面后接近软腭，发音轻而短；之后向元音 e 过渡，唇形由圆形舒展，将舌头由高位略降至中央，舌头后缩程度减轻，由后位前伸至中央，发音相对响亮；最后过渡到鼻音 n，舌尖前伸抵住上齿龈，软腭下降，打开鼻腔通路，气流振动声带，从鼻腔通过，阻碍解除后，气流冲破舌尖阻碍，发出轻微的塞音。三音之间自然过渡。舌头、嘴唇以至整个口腔共鸣器的形状要逐渐变动，气流不中断，即两个元音之间无明显界限。

（二）发音游戏

1. 舌头过山车

成人指导儿童用舌头按照一定顺序舔牙齿的内部与外部，可以从左到右或从右到左、从上到下或从下到上等。让孩子的舌头可以尽可能充分地在口腔内进行活动。扩大孩子舌头的运动范围和运动角度，促进舌头的灵活性。

2. 吹气达人

成人指导儿童用力吸气、鼓腮、憋住气，并用力向外吹气，坚持几秒钟，反复练习。通过训练可以提升唇部的肌肉力量。

二、听辨训练

能够听辨出"un"，是正确发音的前提。

游戏1：海豚快跑

训练方法：准备一个海豚玩具和含有韵母un的短语若干。成人慢慢朗读短语，每当读到含有韵母un的字时，儿童将海豚向前移动一次。

训练促进点：朗读短语的快慢可以训练儿童对"un"音的敏感性和注意力。

训练材料：困住、村子、圆滚滚等。

游戏2：彩色摩天轮

训练方法：成人在白纸上画一个空白的摩天轮。缓慢阅读准备好的短语，当儿童听到含有韵母un的字时，就给摩天轮的包厢涂一种颜色，最后完成摩天轮的填色。

训练促进点：根据训练，加强儿童对"un"音的敏感性和注意力。

训练材料：盾牌、昏暗、生存等。

三、发音诱导和联想

（一）发音诱导

发音时，可以将"uen"划分为"u"和"en"两组，首先想象火车汽笛声"呜"发"u"音，然后想象语气词"恩"发"en"音，注意两音之间自然过渡。

（二）发音联想

1. 小球滚滚：成人给儿童发放小球，引导其滚动小球，指导其练习"滚"的发音。

2. 海豚画像：成人指导儿童学习海豚的简笔画，一边画，一边练习"豚"的发音。

四、发音练习

（一）单字练习

蹲（1D-413） 盾（1D-414） 滚（1G-624） 棍（1G-625）

婚（1H-744） 浑（1H-745） 魂（1H-746） 困（1K-1005）

轮（1L-1157） 吞（1T-1837）

（二）单字游戏

游戏 1：我是"小木匠"

训练方法： 成人准备若干积木和含有韵母 un 的词语图片，儿童看图念词，每当读到含有韵母 un 的字时就搭一块积木，直至搭成小屋。

训练促进点： 加强对韵母 un 的敏感性；提高动手能力。

训练材料： 村子、竹笋等。

游戏 2：解救冰墩墩

训练方法： 成人将10张带有冰墩墩的卡片，放在倒扣的透明玻璃杯中，准备10张带有韵母 un 的词语卡片，儿童读到含有韵母 un 的字时，便可解救一个冰墩墩。

训练促进点： 通过儿童对韵母 un 的听说训练，加强儿童对它的掌握。

训练材料： 圆滚滚、冰墩墩、结婚等。

五、综合巩固

（一）词语训练

矛máo盾dùn（1D-414） 吨dūn位wèi（1D-411） 敦dūn厚hòu（1D-412）

黄huáng昏hūn（1H-743） 婚hūn纱shā（1H-744） 昆kūn明míng（1K-1004）

贫pín困kùn（1K-1005） 轮lún滑huá（1L-1157） 讨tǎo论lùn（1L-1158）

云yún吞tūn（1T-1837）

游戏：我有一双轮滑鞋

训练方法： 成人准备8张带有韵母un的词语卡片，让儿童念出卡片上的词语，每念对一个，可以给轮滑鞋画一个轮子，将8个轮子都画好即游戏结束。

训练促进点： 通过儿童对韵母un的听说练习，加强儿童对它的掌握。

训练材料： 昆明、贫困、矛盾等。

（二）短语训练

自zì相xiàng矛máo盾dùn（1D-414） 练liàn习xí深shēn蹲dūn（1D-413）

茅máo塞sè顿dùn开kāi（1D-415） 人rén困kùn马mǎ乏fá（1K-1005）

昏hūn睡shuì不bù醒xǐng（1H-743） 浑hún水shuǐ摸mō鱼yú（1H-745）

冰bīng水shuǐ混hùn合hé物wù（1H-747） 天tiān伦lún之zhī乐lè（1L-1156）

争zhēng论lùn不bù休xiū（1L-1158） 狼láng吞tūn虎hǔ咽yàn（1T-1837）

游戏："浑"水摸鱼

训练方法： 成人准备含有韵母un的短语的卡片若干，再准备一缸水，里面放上对应数量的小鱼，儿童每成功读出一个短语，便可以摸出一条小鱼。

训练促进点： 提升儿童对韵母 un 的掌握能力；提高儿童反应能力。

训练材料： 浪漫的婚礼、一双轮滑鞋等。

（三）短句训练

1. 孩子们蹲在树下数蚂蚁。

2. 昆仑山被誉为中国第一神山。

3. 女孩们希望拥有属于自己的梦幻婚礼。

4. 轮滑成为许多人的代步工具。

5. 云吞面美味又健康。

游戏：完形填空

训练方法： 成人准备若干完整的句子，挑出含有韵母 un 的字，并给出几个字做选项，让儿童完成句子。例如，句子"孩子们（在）树下数蚂蚁"，给出"蹲""趴""躺"等选项。

训练促进点： 巩固对韵母 un 的辨析能力；提高儿童的注意力和表达能力。

训练材料： 孩子们蹲在树下数蚂蚁；昆仑山被誉为中国第一神山；女孩们希望拥有属于自己的梦幻婚礼；轮滑成为许多人的代步工具；云吞面美味又健康等。

（四）其他训练

墩墩想要玩滑轮，成人让他练深蹲；练完深蹲浑身困，狼吞虎咽吃云吞，吃完云吞脑袋昏；一觉醒来不再困，就去昆明看海豚；海豚可爱胖墩墩，墩墩蹲下喂海豚；回到家里学滑轮，墩墩不再练深蹲。

游戏：萝卜蹲

训练方法： 儿童齐念游戏语，念到含有韵母 un 的字时，儿童需做一个蹲起，最终完整地完成游戏语蹲起。例如，"墩墩想要玩滑轮"，念到"墩"和

"轮"时，儿童应各做一个蹲起。

训练促进点：促进对韵母 un 的掌握，训练儿童的反应能力。

训练材料：墩墩想要玩滑轮，成人让他练深蹲；练完深蹲浑身困，狼吞虎咽吃云吞，吃完云吞脑袋昏；一觉醒来不再困，就去昆明看海豚；海豚可爱胖墩墩，墩墩蹲下喂海豚；回到家里学滑轮，墩墩不再练深蹲。

第二十章　韵母 ün

一、发音原理

（一）发音部位及发音方法

1. 发音部位

"ün"属于带鼻音韵母，由元音"ü"加鼻辅音"n"构成。发音时，舌尖抵住下齿背，唇形拢圆，发"ü"音，紧接舌尖向上抵住上齿龈，通过鼻腔发"n"音。

2. 发音方法

发音时，先发元音"ü"，唇形拢圆，向外呼气，接着软腭下降，舌尖慢慢向上移动，直至抵住上齿龈，然后气流振动声带后通过鼻腔发"n"音。

（二）发音游戏

游戏 1：鼻腔发声

训练方法：成人为儿童做示范：闭合口腔，使气流振动声带后从鼻腔通过发出鼻音。儿童在成人的帮助下，闭合口腔，练习发鼻音。

游戏 2：吹口哨

训练方法：成人将嘴巴拢圆呈吹口哨状，让儿童模仿，之后成人喊口号，随着成人的口号，儿童不断向外吹气。重复以上动作可以训练儿童感受发音的唇形口腔由半开逐渐变小的能力。

二、听辨训练

能够听辨出"ün"，是正确发音的前提。

游戏 1：众里听 ün

训练方法：成人准备多种水果放在不透明的篮子中，成人依次念出水果名，儿童认真倾听。当念出带有韵母 ün 的水果名时，儿童要做出相应反应，成人将水果从篮中挑出放到桌上。

训练促进点：提高儿童对韵母 ün 的反应力和敏感程度。

训练材料：勋章、寻找、云朵、押韵、裙子、群众、通讯、运输、军人等。

游戏 2：听声辨字

训练方法：成人缓慢念出词语卡片上的词语，儿童认真倾听。成人每念完一个词语，儿童要说出词语中带有韵母 ün 的字是哪个。

训练促进点：促进儿童对韵母 ün 的敏感程度和反应力。

训练材料：菌菇、云朵、训练、军训、军人、眩晕、允许、均匀、汛期等。

三、发音诱导和联想

（一）发音诱导

发音时，在正确发出 "ü" 音的基础上，舌尖向上抵住上齿龈，通过鼻腔自然发出 "n" 音。

（二）发音联想

1.采菌菇：成人准备各类菌菇卡片，带领儿童弯腰做采摘状，边采边引导儿童发 "菌（jūn）" 的读音。

2.数云朵：成人准备云朵照片，带领儿童数云朵，说 "一片云朵，两片云朵……"，引导儿童发 "云（yún）" 的读音。

四、发音练习

（一）单字练习

军（jūn）（1J-946）　君（jūn）（1J-947）　均（jūn）（1J-948）　菌（jūn）（1J-949）

俊（1J-950）　峻（1J-951）裙（1Q-1502）群（1Q-1503）

寻（1X-2077）巡（1X-2078）

（二）单字游戏

游戏 1：挑裙子

训练方法：成人准备若干彩纸折成的裙子，引导儿童选择喜爱的裙子颜色，引导儿童说出"红裙子""粉裙子""蓝裙子"。

训练促进点：提高儿童对韵母 ün 的掌握能力。

训练材料：裙。

游戏 2：愤怒的小鸟

训练方法：成人将球放置于纸杯上，在每个球上贴上字条，儿童每成功打下一个球，必须正确将球上的字读出来，才能继续进行游戏。

训练促进点：提高儿童对韵母 ün 的掌握能力。

训练材料：军、均、君、峻等。

五、综合巩固

（一）词语训练

军人（1J-946）　君王（1J-947）　平均（1J-948）

菌菇（1J-949）　英俊（1J-950）　峻岭（1J-951）

裙子（1Q-1502）合群（1Q-1503）寻找（1X-2077）

巡逻（1X-2078）

游戏：捉迷藏

训练方法：成人将词语与图片制成卡片，并将卡片藏在不同的角落让儿童寻找，儿童找到卡片后需要将词语读出来才能继续游戏。

训练促进点：促进儿童熟悉韵母 ün 的发音。

训练材料：寻找、巡逻、裙子等。

（二）短语训练

qiān jūn wàn mǎ
千军万马（1J-946）　qiān qiān jūn zǐ
谦谦君子（1J-947）

shì jūn lì dí
势均力敌（1J-948）　hóng sè de jūn gū
红色的菌菇（1J-949）

rěn jùn bù jīn
忍俊不禁（1J-950）　chóng shān jùn lǐng
崇山峻岭（1J-951）

jīng chāi bù qún
荆钗布裙（1Q-1502）　zhuó ěr bù qún
卓尔不群（1Q-1503）

tà xuě xún méi
踏雪寻梅（1X-2077）　jiǔ guò sān xún
酒过三巡（1X-2078）

游戏：短语套圈

训练方法：将短语及相应图片粘贴到卡片上，成人说出短语，儿童将套圈套到相应的卡片上。

训练促进点：提高儿童对韵母 ün 的掌握程度。

训练材料：势均力敌、忍俊不禁、酒过三巡、卓尔不群等。

（三）短句训练

1. 军人是国家的守护者。

2. 大人把蛋糕平均分给了小红和小明。

3. 颜色鲜艳的菌菇有剧毒。

4. 妈妈今天买了一件漂亮的裙子。

5. 张华在寻找躲起来的小伙伴。

游戏：抢凳子

训练方法：在每个凳子上贴上短句，成人说出句子，儿童要在5秒内找到正确的凳子坐下。

　　训练促进点：任意抽取短句进行阅读训练，能够提高儿童对韵母 ün 的熟悉程度。

　　训练材料：军人是国家的守护者；张华在寻找躲起来的小伙伴等。

第二十一章　韵母 ng

一、发音原理

（一）发音部位及发音方法

1. 发音部位

"ng"是舌面后、浊、鼻音，"ng"涉及的发音部位是舌面后部和软腭，发音方法是舌面后部抵住软腭，形成闭塞，软腭下降，打开鼻腔通路，气流振动声带并从鼻腔流出，形成鼻音。

2. 发音方法

软腭下降，使气流从鼻腔流出的处理是发"ng"的关键，可以采用下面的方法：发音时，舌面后部抵住软腭，形成气流通路的完全阻塞，避免出现闭合不完全的情况，然后气流从鼻腔流出而发出鼻音。

（二）发音游戏

游戏 1：宝箱的秘密

训练方法：成人准备一个有开口的纸箱，里面装两个小球（也可用纸片、纸团代替），上面分别写着"a"和"ng"。儿童从宝箱中抽取小球，大声正确读出对应内容，即可获得适当奖励。读出后将小球放回，打乱顺序后重新抽取，反复训练。

训练促进点：在反复练习中，让儿童体会软腭的升降，掌握"ng"的发音方法。

训练材料：a、ng。

游戏 2：大声小声

训练方法：成人准备"a""ng"两张卡片。当成人出示"a"时，儿童以正常声音朗读，当成人出示"ng"时，儿童大声朗读。成人可以反复、交替出示两张卡片，若儿童以正确的音量、发音读出即为胜利。

训练促进点： 在对比中，让儿童由"a"的发音逐渐类推到"ng"的正确发音。

训练材料： a、ng。

二、听辨训练

"ng"是辅音，在普通话中只能做韵尾，不能做声母，因此能够分辨出鼻韵母 ng 做韵尾时发音的不同，是正确发出"ng"的前提。可采用下面的游戏练习分辨"ng"的发音。

游戏 1：前前后后

训练方法： 成人准备带有后鼻音韵尾 ng 或前鼻音韵尾 n 的字或词语。成人大声朗读，儿童听到带有韵尾 ng 的字或词语时，往后退一步，听到带有韵尾 n 的字或词语时，往前走一步，儿童正确判断即为胜利。

训练促进点： 在反复听辨中，让儿童逐渐区分"ng""n"的发音，为正确朗读做铺垫。

训练材料： 崩、病、饼、灯、笨、奔、班、半、亭子、洞口、大坑等。

游戏 2：小鸟回家

训练方法： 成人准备"ng""n"两个"鸟巢"供儿童归类。成人提供带有后鼻音韵尾 ng 或前鼻音韵尾 n 的字或词语卡片并朗读，儿童根据读音将字卡"小鸟"送回它们的"鸟巢"。

训练促进点： 在反复听辨中，提升儿童对"ng""n"的辨识能力。

训练材料： 崩、病、饼、灯、笨、奔、班、半、亭子、洞口、大坑等。

三、发音联想

（一）生活中的发音

我们打电话时，张着嘴倾听对方说话，不时用简单的声音表示疑问、意外或应答，例如，嗯，用的就是这个特殊辅音 ng。

（二）趣味发音游戏

游戏：气息大作战

训练方法：儿童用一口气发"ng"音，发音时间长的儿童获胜。

训练促进点：锻炼儿童肺活量；训练儿童"ng"的发音准确度。

训练材料：ng 音。

四、发音练习

（一）单字练习

崩^{bēng}（1B–83）　病^{bìng}（1B–120）钉^{dīng}（1D–377）　灯^{dēng}（1D–338）

风^{fēng}（1F–481）　房^{fáng}（1F–456）僧^{sēng}（1S–1557）亭^{tíng}（1T–1805）

汤^{tāng}（1T–1764）坑^{kēng}（1K–978）

（二）单字游戏

游戏 1：追风少年

训练方法：成人准备多张以"ng"为韵尾的字的卡片，"风"字卡片多准备几张，全部打乱堆叠在一起。儿童大声、正确朗读字卡上的内容即可移除相应字卡，发现"风"字卡片积 1 分。游戏结束后，发现"风"卡片最多，也就是积分最多的儿童获胜。

训练促进点：以近似"寻宝"的心态驱动儿童对"ng"的发音展开训练，在不知不觉中提升发音准确度。

训练材料：钉、灯、风、房、汤、坑等。

游戏 2：点亮亭子

训练方法： 成人准备多张亭子状卡片，卡片上写上以"ng"为韵尾的字，铺在桌面上。儿童正确朗读一张字卡算成功"点亮"一座亭子。游戏结束后，点亮亭子数目最多的儿童获胜。

训练促进点： 在重复练习中，训练儿童"ng"的发音。

训练材料： 钉、灯、风、房、汤、坑等。

五、综合巩固

（一）词语练习

zēng zhǎng
增长（1Z-2318）
dòng kǒu
洞口（1D-387）
xīng xing
星星（1X-2032）

huáng hūn
黄昏（1H-727）
yǐng zi
影子（1Y-2201）
píng miàn
平面（1P-1383）

jiǎng pái
奖牌（1J-839）
péng yǒu
朋友（1P-1356）
huáng hé
黄河（1H-727）

huáng guān
皇冠（1H-726）

游戏：你追我赶

训练方法： 成人准备飞行器或者大富翁游戏地图。成人与儿童轮流朗读词语，朗读正确即可向前走一步，率先到达终点者获胜。

训练促进点： 训练儿童"ng"的发音，通过前进的步数量化儿童的进步程度，增强儿童学习的信心。

训练材料： 黄河、皇冠、奖牌、朋友、星星、黄昏等。

（二）短语练习

hǎo chī de píng guǒ
好吃的苹果（1P-1386）
yǒu yòng de dèng zi
有用的凳子（1D-342）

qí guài de jìng zi
奇怪的镜子（1J-913）
kě ài de zōng xióng
可爱的棕熊（1Z-2476）

美丽的杭州（1H-645）

游戏：棕熊大救援

训练方法： 成人准备一只棕熊布娃娃，用绳子缠绕。成人向儿童展示带有以"ng"为韵尾的字构成的短语，儿童大声朗读正确后，即可将棕熊身上的绳子解开一圈，最后将棕熊"解救"出来。

训练促进点： 训练儿童"ng"的发音；积累相关短语搭配；在游戏中培养儿童的爱心。

训练材料： 好吃的苹果、有用的凳子、奇怪的镜子、可爱的棕熊、美丽的杭州等。

（三）短句练习

1. 乒乓球是一项技能型球类体育项目。
2. 北京是中华人民共和国的首都。
3. 傍晚的小巷口有很多商贩。
4. 宋朝是中国历史上经济高度繁荣的时代。

游戏：乒乓小将

训练方法： 成人引导儿童朗读短句。在正确朗读短句后，通过将乒乓球丢向地面又弹起的方式把乒乓球传递给他人，对方以同样的方式将球传回。未接住乒乓球或朗读错误即为失败。

训练促进点： 在游戏比拼中训练儿童"ng"的正确读音。

训练材料： 乒乓球是一项技能型球类体育项目；北京是中华人民共和国的首都；傍晚的小巷口有很多商贩等。

（四）绕口令

天上满天星，地上满山灯。满天星亮满天庭，满山灯接满天星。星映灯，灯映星，分不清是灯还是星。

游戏："捡"星星

训练方法：成人准备纸星星或星星卡片若干，将它们撒在桌子上。成人引导儿童念绕口令，每正确读出一句，儿童便可"捡"起一个星星。最后星星多者获胜。

训练促进点：让儿童在绕口令中训练"ng"的读音，同时，在正确发音后，通过星星给予儿童正向反馈，促进儿童不断进步。

训练材料：天上满天星，地上满山灯。满天星亮满天庭，满山灯接满天星。星映灯，灯映星，分不清是灯还是星。

（五）其他训练

芸芸看到天空上乌云飘过，数数看一共四朵。前边是军人三个，第四朵是条裙子，第五朵像个均匀的蛋糕。接着在蔚蓝的天上，变出一只只菌菇，不想给第六朵一吓，所有的云一下子融化了。

游戏：写故事

训练方法：成人给出关键词，让儿童根据关键词编出逻辑合理的故事。

训练促进点：提升儿童的逻辑能力与语言能力。

训练材料：星星、苹果、棕熊、黄河；等等。

第二十二章　韵母 ang

一、发音原理

（一）发音部位及发音方法

1.发音部位

韵母 ang 的起始元音是"a"，发音口型与"a"相同，嘴唇张开，舌根抵住软腭，发音时软腭下垂，气流振动声带从鼻腔通过。

2.发音方法

发音时，先发"a"的音，在发出"a"音后发音不要停止，同时舌体向后缩，舌根抵住软腭，接着嘴巴闭合，使整个气流从鼻腔发出。发音过程中，每个音之间自然过渡，保持气流不中断。

（二）发音游戏

1.吃糖果

准备几颗儿童喜欢吃的糖果，成人一边让儿童吃糖果，一边引导儿童发出"糖"的读音。

2.吹蜡烛

点燃一支蜡烛放在儿童面前，让儿童模仿大人吹蜡烛的动作（蜡烛距离儿童大约20厘米），引导孩子嘴巴张大，并且使声带振动，发出"啊"的声音，锻炼儿童唇部张开的动作。

二、听辨训练

游戏 1：找找"ang"

训练方法：准备分别写有韵母 a、韵母 ang 的卡片，成人依次发音，儿童需要在成人每一次发音后准确指出相应的韵母卡片，并重复对应韵母的发音。

训练促进点：在多个韵母中分辨韵母 ang，巩固对韵母 ang 的发音，同时锻炼反应能力。

训练材料：ang。

游戏 2：卡片猜猜

训练方法：成人缓慢念出词语卡片上的词语，儿童认真倾听。成人每念完一个词语，儿童要说出词语中带有韵母 ang 的字是哪个。

训练促进点：通过认真倾听韵母发音，正确分辨，促进儿童对"ang"的敏感程度和反应能力。

训练材料：长廊、胖乎乎、昂首挺胸等。

三、发音诱导和联想

（一）发音诱导

发音时，嘴巴张大呈圆形，发"a"音，同时舌头向后缩，使气流从鼻腔发出，并保持气流不中断，慢慢发出"ang"音。发音时，可想象与其发音相同的"昂（àng）"音。

（二）发音联想

1.唱儿歌：准备一首易学的儿歌。成人一边教儿童唱儿歌，一边引导儿童发出"唱（chàng）"的读音。

2.老狼老狼几点了：准备一个狼面具和一个小闹钟。成人戴上面具扮演老狼，让儿童问"老狼（láng）老狼（láng）几点了"，成人根据闹钟上显示的时间回答儿童。

四、发音练习

（一）单字练习

挡（dǎng）（1D-323）钢（gāng）（1G-541）廊（láng）（1L-1030）囊（náng）（1N-1290）

胖（1P-1343）壤（1R-1508）塘（1T-1767）
糖（1T-1768）望（1W-1869）脏（1Z-2298）

（二）单字游戏

游戏 1：梦想起航

训练方法：成人准备一个盒子，里面装有如"宇航员""科学家""教师""公务员"等职业的卡片，让儿童从盒子里抽取一张卡片，并问"你长大想做什么呀"，引导儿童用"长大我想做……"的句式回答。

训练促进点：重复训练，多次重复"想"字，可以准确练习"ang"音。

训练材料： 长、想。

游戏 2：望远镜

训练方法：成人准备一只望远镜。儿童通过望远镜观察窗外景色，并用"我用望远镜看见了……"的句式与成人分享所见，例如，"我用望远镜看见了一只小鸟"。

训练促进点：通过重复"望"字，巩固对"ang"的发音；锻炼儿童的观察能力。

训练材料： 望。

五、综合巩固

（一）词语训练

帮助（1B-55） 肩膀（1B-57） 船舱（1C-161）
工厂（1C-190） 操场（1C-191） 歌唱（1C-194）
房屋（1F-456） 防护（1F-454） 香港（1G-543）
健康（1K-960）

游戏：拯救词语

训练方法：将词语与图片制作成卡片。成人将词语卡片藏在房间中让儿童寻找，并将词语贴在对应的图片卡片上。

训练促进点：将图片与词语结合，促进儿童熟悉"ang"的发音。

训练材料：香港、健康、防护等。

（二）短语训练

zhuō mí cáng
捉迷藏（1C-162）

dàng qiū qiān
荡秋千（1D-325）

dā jiàn fáng wū
搭建房屋（1F-456）

jiàn kāng de shēn tǐ
健康的身体（1K-960）

dǐ kàng dí rén
抵抗敌人（1K-961）

yì duǒ làng huā
一朵浪花（1L-1032）

huó pō kāi lǎng
活泼开朗（1L-1031）

máng lù de gōng rén
忙碌的工人（1M-1188）

páng dà de shēn qū
庞大的身躯（1P-1341）

féi wò de tǔ rǎng
肥沃的土壤（1R-1508）

游戏："装点"词语

训练方法：准备一些词语卡片，儿童根据相应词语进行扩充。例如，看到词语"土壤"，儿童添加形容词，说出短语"肥沃的土壤"。

训练促进点：巩固对"ang"的发音训练；锻炼儿童对形容词的运用。

训练材料：肥沃的土壤、一朵浪花等。

（三）短句训练

1. 小明正在荡秋千。

2. 我们一家人在玩捉迷藏。

3. 树上有一只会唱歌的小鸟。

4. 爸爸将种子种在肥沃的土壤里。

5. 小红是一个活泼开朗的学生。

游戏：房屋建筑师

训练方法：准备带有家具图片卡片。儿童模拟建筑师，抽取卡片并用"我用……装饰我的房屋"造句。例如，"我用沙发装饰我的房屋"。

训练促进点：通过对"房"字发音的训练以及造句练习，熟悉"ang"的发音。

训练材料：房屋。

（四）其他训练

1. 胖老王嫌脏老张

老张说老王胖，老王说老张脏。胖老王嫌脏老张脏，脏老张笑胖老王胖。不知是那胖老王更胖还是脏老张更脏。

2. 小光小刚砸水缸

小光和小刚，抬着水桶上山岗。上山岗，歇歇凉，拿起竹竿玩打仗。乒乒乓，乓乓乓，打来打去砸了缸。小光怪小刚，小刚怪小光，小刚小光都怪竹竿和水缸。

游戏：趣味复述

训练方法：成人为儿童讲述司马光砸缸的故事，儿童听完后，用自己的话转述故事内容。

训练促进点：进行故事复述训练，锻炼儿童口语表达以及记忆能力。

训练材料：故事《司马光砸缸》。

第二十三章　韵母 eng

一、发音原理

（一）发音部位及发音方法

1. 发音部位

"eng"是后鼻韵母，是央元音 e 与舌根鼻音 ng 的组合，其发音部位在口腔后部。发"eng"的音时先将嘴角向左右展开，发"e"的音，然后舌尖抵住下牙床，舌往后缩，舌根往上抬，发音时舌根与软腭接触，气流从鼻腔流出。

2. 发音方法

发音时，先发"e"的音，然后舌面后部抬起，贴向软腭，当两者将要接触时，软腭下降，打开鼻腔通路，紧接着舌面后部抵住软腭，使在口腔受到阻碍的气流从鼻腔里透出，发音过程中以"e"的音为主。

（二）发音游戏

1. 舌尖上的诱惑

用绳拴上一块糖，吊在儿童面前，高度与儿童的嘴持平，让儿童伸出舌头舔那块糖。这样可以锻炼儿童舌头肌肉的力量，扩大儿童舌头的运动范围和运动角度，促进舌头的灵活性。

2. 指哪"达"哪

成人用手触碰儿童面颊不同位置，儿童在口腔内用舌尖抵住相应的触碰位置。后期可以加快位置变换速度，以及舌尖抵住面部位置时，手指增加按压力度。锻炼舌头灵活性、提升舌头肌肉控制能力和力度，改善口腔协调运动能力。

二、听辨训练

能够听辨出"eng",是正确发音的前提。

游戏 1:蜜蜂归巢

训练方法:准备一个贴有蜂巢字样的盒子、蜜蜂卡片若干、含有韵母 eng 的短语若干。成人慢慢朗读短语,每当读到含有韵母 eng 的字时,儿童将蜜蜂卡片放入准备好的盒子中。

训练促进点:朗读短语的快慢可以训练儿童对"eng"音的敏感性和注意力。

训练材料:一阵风、路灯、藤蔓、板凳、头疼脑热等。

游戏 2:为你亮灯

训练方法:成人准备若干张白色台灯卡片,缓慢阅读准备好的语段,当儿童听到"eng"音时就用彩笔给台灯填色。

训练促进点:根据训练,加强儿童对"eng"音的敏感性和注意力。

训练材料:小风在人行横道上等红绿灯,看见瓜藤下长凳上休息的老奶奶。

三、发音诱导和联想

(一)发音诱导

先让儿童做出"e"的口型,嘴角上扬,嘴唇张大,让空气进入后鼻腔,然后抬起舌根靠近软腭,发音时用舌根发力,感受气流从鼻腔流出。

(二)发音联想

1.大风车:成人准备好风车,与儿童一起运动,让风车转动起来,在运动过程中,引导儿童发出"风(fēng)"的读音。

2.小蜜蜂:准备好蜜蜂的填色绘本,成人与儿童一起完成蜜蜂的填色,在填色过程中,引导儿童学习蜜蜂的声音,发出"嗡(wēng)"的读音。

四、发音练习

（一）单字练习

灯（1D-338）　等（1D-340）　凳（1D-342）　风（1F-481）

蜂（1F-487）　凤（1F-491）　横（1H-674）　坑（1K-978）

棚（1P-1357）　藤（1T-1782）

（二）单字游戏

游戏 1：更上一层楼

训练方法：准备长方体积木若干，成人引导儿童发"更"的音，每搭一层积木，就说一遍"更上一层楼"，直到积木倒塌为止。

训练促进点：重复训练这个句子，训练"eng"的发音。

训练材料：更上一层楼。

游戏 2：板凳回家

训练方法：准备若干小板凳，让儿童把板凳搬到指定的位置，成人引导儿童说出"把板凳放在桌子前面 / 后面 / 左面 / 右面"，重复这个句子。

训练促进点：训练儿童韵母 eng 的发音；提高儿童动手实践能力。

训练材料：把板凳放在桌子前面 / 后面 / 左面 / 右面等。

五、综合巩固

（一）词语训练

崩塌（1B-83）　登高（1D-339）　瞪眼（1D-343）

枫叶（1F-482）　山峰（1F-485）　裁缝（1F-490）

耕种（1G-565）　做梦（1M-1221）　朋友（1P-1356）

pěng huā
捧花（1P-1361）

游戏：开心碰碰乐

训练方法：每个含有韵母 eng 的词语都准备两张相同的卡片，将卡片按照6×4的方格模式随机摆放于桌上。游戏开始，儿童挑出相同的词语卡片并让它俩碰一下，通过触碰并读出词语完成积分，直至所有词语都碰完。

训练促进点：巩固所学词语并锻炼儿童口、手、脑的协调性；帮助纠正儿童口吃。

训练材料：朋友、捧花、做梦等。

（二）短语练习

fáng wū bēng tā
房屋崩塌（1B-83）　　dēng huǒ huī huáng
灯火辉煌（1D-338）

dēng gāo wàng yuǎn
登高望远（1D-339）　　tái qǐ dèng zi
抬起凳子（1D-342）

liáng shi fēng shōu
粮食丰收（1F-480）　　fēng fēng diān diān
疯疯癫癫（1F-484）

jiǔ bié chóng féng
久别重逢（1F-489）　　gēng zhòng tǔ dì
耕种土地（1G-565）

dà péng zhǎn chì
大鹏展翅（1P-1359）kē kē pèng pèng
磕磕碰碰（1P-1362）

游戏：大鹏展翅

训练方法：儿童大声读出卡片上的短语，每正确读出一个短语就可以将折纸"大鹏"的双翅张开。

训练促进点：通过儿童对"eng"的朗读，加强对"eng"的掌握。

训练材料：久别重逢、磕磕碰碰、耕种土地等。

（三）短句训练

1. 小鹏和朋友玩的时候碰到了头。

2. 蜜蜂在大棚里辛勤地采花蜜。

3. 农民伯伯为了来年的丰收，在地里勤劳地耕种。

4. 一阵大风吹过，枫叶纷纷飘落，山里的风景更美了。

5. 在天坑的底部横着长了许多藤蔓。

游戏：连词成句

训练方法：准备若干完整的句子，将每个句子按短语打乱，制作短语卡片，儿童把短语拼成完整的句子，念出并重复这个句子。例如，卡片上的短语为"蜜蜂""辛勤地""在大棚里"和"采花蜜"，儿童念出"蜜蜂在大棚里辛勤地采花蜜"并重复。

训练促进点：巩固对韵母 eng 的听辨和表达能力；提高儿童的注意力、视听结合能力和表达能力。

训练材料：小鹏和朋友玩的时候碰到了头；蜜蜂在大棚里辛勤地采花蜜；农民伯伯为了来年的丰收，在地里勤劳地耕种；一阵大风吹过，枫叶纷纷飘落，山里的风景更美了；在天坑的底部横着长了许多藤蔓。

（四）其他训练

老彭捧着一个盆，路过老庞干活儿的棚，老庞的棚碰了老彭的盆。棚倒盆碎棚砸盆。盆碎棚倒盆撞棚。老彭要赔老庞的棚，老庞要赔老彭的盆。老庞陪着老彭去买盆，老彭陪着老庞来修棚。

游戏：角色扮演

训练方法：准备好训练材料，成人扮演老庞，儿童扮演老彭，完整演绎材料故事，熟练后成人与儿童角色互换直到结束。

训练促进点：促进儿童对韵母 eng 的掌握；训练儿童的反应能力。

训练材料：老彭捧着一个盆，路过老庞干活儿的棚，老庞的棚碰了老彭的盆。棚倒盆碎棚砸盆。盆碎棚倒盆撞棚。老彭要赔老庞的棚，老庞要赔老彭的盆。老庞陪着老彭去买盆，老彭陪着老庞来修棚。

第二十四章　韵母 ing

一、发音原理

（一）发音部位及发音方法

1. 发音部位

"ing"属于带鼻音韵母。发"ing"时，口型略开，舌叶前伸接近上齿背，唇形不圆，紧接着舌面后部抵住软腭，然后软腭下降，打开鼻腔通路。

2. 发音方法

发"ing"时，先发"i"音，接着舌头后缩，舌根抬起并抵住软腭，气流振动声带后从鼻腔通过。在发音过程中，鼻音色彩逐渐增加。

（二）发音游戏

1. 灵敏舌头

成人将蜂蜜涂在儿童上齿背内，引导儿童用舌尖舔蜂蜜，锻炼舌头的敏感度。

2. 鼻腔发声

成人为儿童做示范：闭合口腔，使气流振动声带后从鼻腔通过，发出鼻音。儿童在成人的帮助下，闭合口腔，练习发鼻音。

二、听辨训练

游戏 1：全身运动

训练方法：成人读"信心"和"星星"，儿童在听到"信心"时做出图片动作，在听到"星星"时，抬头仰望天空。

训练促进点：通过身体动作反映儿童对于韵母 ing 的反应和理解。

训练材料： 信心、星星。

游戏 2：喂兔子

训练方法： 成人准备兔子玩偶、胡萝卜和青草。当儿童听到成人念到带有韵母 ing 的字或词语时，儿童将胡萝卜喂给兔子，反之将青草喂给兔子。

训练促进点： 通过成人标准的朗读增强儿童对韵母 ing 的反应能力。

训练材料： 铃铛、反映、应该、听话、轻声、一定、另外、凭证等。

三、发音诱导和联想

（一）发音诱导

发音时，先发"i"的音，定准口型，接着舌尖向下移动，舌头后缩直至舌根抵住软腭，发出"ng"音。

（二）发音联想

1. 打乒乓：成人准备乒乓球拍，带领儿童模拟打乒乓球的动作，边打边说"打乒乓"。

2. 数羚羊：成人准备不同数量的羚羊卡片，带领儿童数数，边数边说"一只羚羊，两只羚羊，三只羚羊……"。

四、发音练习

（一）单字练习

冰 bīng（1B-114）　饼 bǐng（1B-118）　病 bìng（1B-120）　订 dìng（1D-379）

茎 jīng（1J-896）　惊 jīng（1J-897）　铃 líng（1L-1108）　羚 líng（1L-1110）

领 lǐng（1L-1113）　岭 lǐng（1L-1114）

（二）单字游戏

游戏 1：正反椅

训练方法：将两张椅子背对放置，儿童面对椅子站立。当成人念出带有韵母 ing 的字时，儿童坐在左边的椅子上，反之坐在右边的椅子上。

训练促进点：锻炼儿童对韵母 ing 的熟悉度和反应力。

训练材料：领、岭、惊、病等。

游戏 2：翻山越岭

训练方法：将含有韵母 ing 的字的卡片贴在楼梯上，儿童走上一节节台阶进行读取，在游戏结束后将卡片摘下来。

训练促进点：熟悉含有韵母 ing 的字的发音；锻炼身体。

训练材料：铃、冰、岭等。

五、综合巩固

（一）词语训练

冰冷（1B-114）　大饼（1B-118）　生病（1B-120）

订购（1D-379）　根茎（1J-896）　惊讶（1J-897）

铃铛（1L-1108）羚羊（1L-1110）领带（1L-1113）

山岭（1L-1114）

游戏：激光笔

训练方法：将词语卡片放在地上，成人用激光笔照射卡片，儿童跟随激光读取卡片上的词语。

训练促进点：锻炼儿童的反应能力；熟悉韵母 ing 的发音。

训练材料：惊讶、铃铛、领带等。

（二）短语训练

bīng shān yì jiǎo
冰山一角（1B-114）

huà bǐng chōng jī
画**饼**充饥（1B-118）

bìng rù gāo huāng
病入膏肓（1B-120）

yì yán dìng jiāo
一言**定**交（1D-379）

kū jīng xiǔ gǔ
枯**茎**朽骨（1J-896）

dǎ cǎo jīng shé
打草**惊**蛇（1J-897）

yǎn ěr dào líng
掩耳盗**铃**（1L-1108）

líng yáng guà jiǎo
羚羊挂角（1L-1110）

yáo yáo lǐng xiān
遥遥**领**先（1L-1113）

chóng shān jùn lǐng
崇山峻**岭**（1L-1114）

游戏：猜灯谜

训练方法：成人将短语放在灯笼内，儿童每成功读取一个积2分，失败扣1分，最终按照积分换取棒棒糖。

训练促进点：利用游戏积分的方式提高儿童参与训练积极性；提高对韵母 ing 的熟悉度。

训练材料：打草**惊**蛇、掩耳盗**铃**、遥遥**领**先等。

（三）短句训练

1.外婆给我做了夹心**饼**干。

2.感冒不能吃**冰淋**淇。

3.成人在黑板上画了大树的根**茎**。

4.爸爸买了一条新**领**带。

5.妈妈给奶奶预**订**了生日蛋糕。

游戏：鱼尾匹配游戏

训练方法：成人将短句写在小鱼贴纸上，并将鱼尾和鱼身剪开，引导儿童将鱼尾与鱼身相匹配。

训练促进点：提高对韵母 ing 的熟悉度；促进儿童思考并锻炼儿童的动手能力。

训练材料：外婆给我做了夹心饼干；感冒不能吃冰淇淋等。

（四）其他训练

乒乓

乒乓教练批评乒乓球员，乒乓球员频频感谢教练，

乒乓观众品评乒乓球赛，乒乓运动培植乒乓品牌。

游戏：伶牙俐齿

训练方法： 成人将儿童每次读取材料的时间进行记录，并帮助儿童熟练读取，掌握韵母 ing 的发音情况。

训练促进点： 用计时的方式促进儿童不断增强口语能力，提高流利度。

训练材料： 乒、评。

第二十五章　韵母 ong

一、发音原理

（一）发音部位及发音方法

1. 发音部位

"ong"属于带鼻音韵母。发"ong"时，双唇拢圆，舌头后缩，接着舌根向软腭靠拢，发音过程中口型始终不变。

2. 发音方法

发音时，先发元音 u，紧接着舌面后部往软腭移动并抵住软腭，气流振动声带后从鼻腔通过。在发音过程中，鼻音色彩逐渐增加。

（二）发音游戏

1. 模拟口型

准备棒棒糖。成人拿住底端一头，儿童用嘴唇包裹住糖球。随着成人的口号，用舌尖抵住棒棒糖。多次重复此动作有助于儿童感受发"ong"音的口型变化。

2. 鼻腔发声

成人为儿童做示范：闭合口腔，使气流振动声带后从鼻腔通过，发出鼻音。儿童在成人帮助下，闭合口腔，练习发鼻音。

二、听辨训练

游戏 1：耳辨两韵

训练方法：成人念相似的词语，儿童听出差别，选出发"ong"音的词语。

训练促进点：有利于儿童分辨"ong"和"un"的发音。

训练材料：树洞、孔明灯、彩虹、蹲下、昆仑、矛盾、滚动、灵魂等。

游戏2：众里寻 ong

训练方法：准备带有韵母 ong、韵母 ou、韵母 eng 的多个词语和短语，成人逐一读出。儿童在听到带有"ong"的字时举手示意，如若听错，成人重读直至正确。

训练促进点：提高儿童对韵母 ong 的听辨能力。

训练材料：冬、洞、同、空、龙、送、有趣、人类等。

三、发音诱导和联想

（一）发音诱导

发音时，先发"u"的音，舌位较高，定准口型，然后舌头慢慢后缩，直至舌根抵住软腭并发"ng"的音。

（二）发音联想

1.穿冬衣：成人准备冬衣，指导儿童穿戴冬衣，并在穿戴的过程中引导儿童说"穿冬衣"。

2.挖红薯：成人准备若干红薯卡片放置在地面，带领儿童模拟挖红薯的动作，边挖边说"挖红薯"。

四、发音练习

（一）单字练习

东^{dōng}（1D-382）冬^{dōng}（1D-383）洞^{dòng}（1D-387）工^{gōng}（1G-566）

弓^{gōng}（1G-567）红^{hóng}（1H-678）虹^{hóng}（1H-681）空^{kōng}（1K-979）

龙^{lóng}（1L-1125）隆^{lóng}（1L-1127）

（二）单字游戏

游戏 1：冬天有什么

训练方法：成人与儿童轮流提问作答，"冬天里有什么？""有动物、有树洞、有灯笼……"，拍手轮流问答。

训练促进点：促进儿童对"ong"的发音的掌握；提高儿童的联想力和反应力。

训练材料：冬、动、洞、笼等。

游戏 2：愤怒的小鸟

训练方法：将废弃纸杯摆好，在每个球上贴上字条，儿童每成功打下一个球，必须正确将球上的字读出来，才能继续进行游戏。

训练促进点：引导儿童正确发出"ong"的音。

训练材料：红、龙、空、工等。

五、综合巩固

（一）词语训练

^{dōng fāng} 东方（1D-382）^{dōng tiān} 冬天（1D-383）^{dòng xué} 洞穴（1D-387）

^{gōng rén} 工人（1G-566）^{gōng jiàn} 弓箭（1G-567）^{hóng shǔ} 红薯（1H-678）

^{cǎi hóng} 彩虹（1H-681）^{tiān kōng} 天空（1K-979）^{wǔ lóng} 舞龙（1L-1125）

^{lóng zhòng} 隆重（1L-1127）

游戏：呼啦圈连环跳

训练方法：利用呼啦圈摆出赛道，在每个呼啦圈中写下词语，成人引导儿童跳跃并说出词语。

训练促进点：提升儿童对韵母 ong 的发音能力；提高儿童反应能力。

训练材料：弓箭、红薯、彩虹等。

（二）短语训练

zǐ qì dōng lái
紫气**东**来（1D-382）

hán dōng là yuè
寒**冬**腊月（1D-383）

dòng ruò guān huǒ
洞若观火（1D-387）

guǐ fǔ shén gōng
鬼斧神**工**（1G-566）

bēi gōng shé yǐng
杯**弓**蛇影（1G-567）

chà zǐ yān hóng
姹紫嫣**红**（1H-678）

bái hóng guàn rì
白**虹**贯日（1H-681）

kōng zhōng lóu gé
空中楼阁（1K-979）

lóng fēi fèng wǔ
龙飞凤舞（1L-1125）

dé lóng wàng zhòng
德**隆**望重（1L-1127）

游戏：抢凳子

训练方法：在每个凳子上贴上短语，成人说出短语，儿童要在5秒内找到正确的凳子坐下。

训练促进点：提升儿童对韵母 ong 的发音能力；提高儿童反应能力。

训练材料：**龙**飞凤舞、德**隆**望重、白**虹**贯日等。

（三）短句训练

1. 我家的**东**边有一个**公**园。

2. 妈妈给我做了好吃的**红**薯饼。

3. 我们在**冬**天要穿上厚厚的大衣。

4. 雨后的彩**虹**真漂亮。

5. 奥运会是一个**隆重**的活动。

游戏：气球运输

训练方法：在每个气球上都写上短句，儿童和成人听到哪个短句中含有"ong"的字，便一起夹着这个气球，将其运输到篮子中。

训练促进点：提升儿童听说能力；增强儿童学习兴趣。

训练材料：我家的**东**边有一个**公**园；雨后的彩**虹**真漂亮。

（四）其他训练

种冬瓜

东门童家门东董家，童、董两家，同种冬瓜，童家知道董家冬瓜大，来到董家学种冬瓜。门东董家懂种冬瓜，来教东门童家种冬瓜。童家、董家都懂得种冬瓜，童、董两家的冬瓜比桶大。

游戏：跳皮筋

训练方法：成人与儿童在"种冬瓜"绕口令的录音下，跟随吟诵并跳皮筋，练习"ong"的发音。

训练促进点：提升儿童对韵母 ong 的掌握能力。

训练材料："种冬瓜"绕口令。

第二十六章　韵母 ia

一、发音原理

（一）发音部位及发音方法

1. 发音部位

"ia" 属于后响复元音，是元音 i 和 a 的音素复合。起点元音是舌位靠前、较高的不圆唇元音 i，发音时，舌尖始终抵住下齿背，嘴巴慢慢张开，舌位逐渐下降，终止位置接近比元音 a 略高的位置。

2. 发音方法

发音时，由"i"开始，其音轻而短；后发"a"音，发音较长且声音响亮，两音之间自然过渡。舌头、嘴唇以至整个口腔的形状要逐渐变动，气流不能中断，即两个元音之间无明显界限。

（二）发音游戏

1. 镜子游戏

成人引导儿童站在镜子前，将嘴部张至圆形并发出"啊"音，成人可通过关注儿童镜中嘴部形状判断其是否发音准确。重复以上动作可以训练儿童口腔开合能力。

2. 微笑游戏

准备一根筷子。成人引导儿童轻轻咬住筷子，保持唇部向两侧使力，发出"i"音，随后引导儿童慢慢张嘴松开筷子。重复以上动作可以训练儿童发"ia"音时的唇部灵活度。

二、听辨训练

能够听辨出"ia"，是正确发音的前提。

游戏1：猜猜我有多爱你

训练方法：准备适宜的看图识字卡片。成人与儿童并排坐好，分别叫出家人的称呼，要求孩子听到后，将相应的图片放到相应的人面前，并准确念出卡片上的字词。例如，听到妈妈喜欢吃虾，要求儿童将虾的图片放到妈妈面前。

训练促进点：提高儿童对韵母 ia 的反应能力。

训练材料：大虾、夏天、家庭、牙齿、发芽、压力、融洽等。

游戏2：巧辨韵母

训练方法：成人缓慢念出短语，儿童认真倾听，重复成人念出的短语并判断带有韵母 ia 的词是哪个。

训练促进点：提高儿童对韵母 ia 的发音和听音能力。

训练材料：夹心饼干、美味佳肴、一架飞机、气氛融洽、海边度假、成熟的庄稼、武装押运等。

三、发音诱导和联想

（一）发音诱导

发音时，先发"i"的音，定准口型，然后慢慢滑向"a"的发音，气流不中断，舌位下降，口型逐渐变大。可以想象惊讶时"呀"的发音。

（二）发音联想

1.洗脚丫：准备水盆、毛巾，成人一边教儿童自己洗脚丫，一边引导儿童发出"丫"的读音。

2.加减法：准备十以内的数字卡片，成人一边教儿童练习加减法，一边引导儿童发出"加"的读音。

四、发音练习

（一）单字练习

家（1J-798） 钾（1J-802） 虾（1X-1950）

瞎（1X-1951） 峡（1X-1952） 夏（1X-1959）

鸭（1Y-2087） 芽（1Y-2089） 崖（1Y-2090）

（二）单字游戏

游戏 1：数字家族

训练方法：准备数字 1~10 的卡片，成人随机选出 2 到 3 张卡片，儿童需说出"×加×等于×"的句子。例如，成人选择数字 2 和 3 的卡片，儿童则需说出"2加3等于5"。

训练促进点：巩固儿童韵母 ia 的发音；锻炼数学运算能力。

训练材料：加。

游戏 2：多彩的夏天

训练方法：准备若干与夏天有关的图片，儿童需根据图片说出"现在是夏天，夏天可以……"的句子。例如，图片为冰激凌，儿童描述"现在是夏天，夏天可以吃冰激凌"。

训练促进点：巩固儿童对韵母 ia 的发音；锻炼儿童组词造句能力。

训练材料：夏。

五、综合巩固

（一）词语训练

驾驶（1J-804） 出嫁（1J-807） 下雨（1X-1956）

乌鸦（1Y-2086）　亚军（1Y-2093）脸颊（2J-311）

掐人（2Q-600）　匣子（2X-796）　侠客（2X-797）

衙门（2Y-848）

游戏：图片魔术

训练方法：成人为儿童展示图片，由儿童判断图片所表达的事物并准确说出词语。

训练促进点：利于促进儿童对"ia"的敏感程度和反应力。

训练材料：下雨、乌鸦、夏天等。

（二）短语训练

夹心饼干（1J-796）　　美味佳肴（1J-797）

一架飞机（1J-805）　　海边度假（1J-806）

成熟的庄稼（1J-808）　狭窄的走廊（1X-1953）

火红的晚霞（1X-1955）雅致的房间（1Y-2092）

修剪枝丫（2Y-845）　　武装押运（2Y-846）

游戏：看图扩词

训练方法：成人准备若干图片，例如，晚霞、庄稼、佳肴等，引导儿童用形容词描述图片。例如，"火红的"晚霞、"美味的"佳肴等。

训练促进点：儿童在巩固发音的同时锻炼词语描述以及扩充能力；扩大儿童的词汇量。

训练材料：晚霞、庄稼、佳肴等。

（三）短句训练

1. 这家超市的东西物美价廉。

2. 小明和同学们相处得十分融洽。

3. 小明总喜欢躲在同学背后吓唬大家。

4. 我们不要给自己施加过多压力。

5. 我们可以利用闲暇时间读一些自己感兴趣的书。

游戏：妙语连珠

训练方法：成人将短句写在纸条上并平铺于桌面，纸条上放有糖果。儿童需要准确读出纸条上的短语才能获得相应糖果。

训练促进点：任意抽取短句进行阅读训练，能够提高儿童对韵母 ü 的熟悉程度。

训练材料：小明总喜欢躲在同学背后吓唬大家；我们不要给自己施加过多压力等。

（四）其他训练

贾家有女初出嫁，嫁到夏家学养虾，养的对虾真叫大，卖到市场直加价。

游戏：情景模拟

训练方法：成人准备一把伞以及模拟雨声的音频，为儿童模拟夏天下雨妈妈没有打伞的场景，引导儿童说出"夏天下雨要打伞，我来为家人打伞"的句子。

训练促进点：通过模拟情景，引导儿童体验场景，锻炼儿童的想象能力。

训练材料：下雨、夏天、家人。

第二十七章　韵母 iao

一、发音原理

（一）发音部位及发音方法

1. 发音部位

"iao"属于中响复元音，起点元音是前高不圆唇元音 i，发音时舌位在前且位置较高，嘴唇不为圆形，嘴角展开，舌尖抵住下齿背，保持舌尖位置不变，舌位由前高元音 i 向后低元音 a 的方向落下，上下唇微微张开，使口腔张开，接着再向后高元音 o 的方向抬起。

2. 发音方法

发音时，先发"i"的音，嘴角展开并保持，发音轻短；后发"ao"音，嘴微张，唇略展，接着再向后高元音 o 的方向抬起，发音清晰响亮。发音过程中，每个音之间自然过渡，保持气流不中断。

（二）发音游戏

1. 吹蜡烛

点燃一支蜡烛放在儿童面前，让儿童模仿成人吹蜡烛的动作（蜡烛距离儿童大约20厘米），引导儿童嘴巴张大，并且使声带振动，发出"啊（a）"的声音，锻炼儿童唇部张开的动作。

2. 蜂蜜甜甜

成人将少许蜂蜜涂抹在儿童嘴唇的外围，鼓励儿童用舌头将嘴唇周围的蜂蜜舔干净，使儿童的舌头得到充分运动，增强其灵活度，有助于儿童在发音过程中将舌头放到准确的位置。

二、听辨训练

能够听辨出"iao",是正确发音的前提。

游戏 1：字母卡片

训练方法：准备分别写有韵母 i、a、o、iao、ao 的卡片，成人依次发音，儿童需要在成人每一次发音后准确指出相应的韵母卡片，并重复对应韵母的发音。

训练促进点：将单个韵母组合训练，达到复习巩固的效果，并对新知识的学习有一定牵引作用，提高儿童对韵母 iao 的反应能力。

训练材料：i、a、o、ao、iao。

游戏 2：听声识字

训练方法：成人缓慢念出词语卡片上的词语，儿童认真倾听。成人每念完一个词语，儿童要说出词语中带有韵母 iao 的字是哪个。

训练促进点：通过认真倾听，分辨词语中的韵母 iao，促进儿童对 iao 的敏感程度和反应力。

训练材料：奥妙、飞鸟、教师、瓢虫、要强、遥远、挑战、眺望、巧妙等。

三、发音诱导和联想

（一）发音诱导

发音时，先发"i"音，两边嘴角做"微笑"的动作；然后慢慢滑向"ao"的发音，气流不中断，口型同时有一个由展到开再到合的过程，最后圆唇合到"o"形上，发出中响复合音"iao"，可以想象与其发音相似的"妖"音。

（二）发音联想

1.学猫叫：成人准备小猫图片以及小猫叫声音频，引导儿童模仿声音，发出"喵"音。

2.看图说话：成人看图说话，"山里有座庙，庙里有座桥，桥上有只鸟"，并引导儿童依次重复，练习"庙""桥""鸟"的读音。

四、发音练习

（一）单字练习

标^{biāo}（1B-109）　吊^{diào}（1D-366）　飘^{piāo}（1P-1376）　桥^{qiáo}（1Q-1450）

敲^{qiāo}（1Q-1448）　瞧^{qiáo}（1Q-1451）　庙^{miào}（1M-1240）　苗^{miáo}（1M-1236）

鸟^{niǎo}（1N-1307）　脚^{jiǎo}（1J-852）

（二）单字游戏

游戏 1：敲鼓

训练方法：准备玩具小鼓，成人引导儿童敲鼓，说出句子"咚咚咚，小鼓敲 X 下"。

训练促进点：提高儿童对韵母 iao 的掌握程度。

训练材料：敲。

游戏 2：观景

训练方法：成人带儿童到公园中，成人指着含有韵母"iao"的景观或动植物，例如，"树苗""长桥"等，引导儿童辨认并准确说出正确词汇。

训练促进点：巩固儿童韵母 iao 的发音；增加儿童的常识。

训练材料：树苗、长桥。

五、综合巩固

（一）词语训练

奥妙^{ào miào}（1M-370）　飞鸟^{fēi niǎo}（1N-1307）　教师^{jiāo shī}（1J-871）

瓢虫（1P-1377） 娇嫩（1J-845） 治疗（1L-1090）

春苗（1M-1236） 手表（1B-110） 大小（1X-2004）

长条（1T-1798）

游戏：比比大小

训练方法：成人准备几组大小差异较大的物品卡片，如大象和兔子、苹果和樱桃的组合。儿童需要辨认大小，并说出"XX 比 XX 大,XX 比 XX 小"，如"大象比兔子大，兔子比大象小"等句子。

训练促进点：巩固儿童对韵母 iao 的发音；锻炼孩子的思维能力。

训练材料：物品卡片。

（二）短语训练

灵丹妙药（1M-1239） 蹦蹦跳跳（1T-1799）

逍遥快活（1X-872） 唱歌的小鸟（1N-1307）

长长的吊桥（1D-366） 巧妙的方法（1M-1239）

扔掉垃圾（1D-369） 一条绳子（1T-1798）

娇嫩的鲜花（1J-845） 黎明破晓（1X-2005）

游戏：击鼓传花

训练方法：准备几张短语纸条。成人与儿童进行击鼓传花游戏，在鼓声停止时拿到纸条的人需要准确读出上面的短语。

训练促进点：提高儿童对韵母 iao 的掌握程度，增强儿童的反应能力。

训练材料：娇嫩的鲜花、黎明破晓、扔掉垃圾等。

（三）短句训练

1. 小朋友用巧妙的方法解决了难题。

2. 我们走过长长的吊桥。

3. 树上有一只会唱歌的小鸟。

4. 爸爸提醒我扔掉垃圾。

5. 小明飞速穿上鞋子。

游戏：连词成句

训练方法：准备两个小盒子，分别放入带有韵母 iao 的短语字条，儿童抽取，成人引导儿童组合短语并读出短句。

训练促进点：提高儿童对韵母 iao 的掌握程度；训练儿童的语言组织能力。

训练材料：我们走过长长的吊桥；小明飞速穿上鞋子等。

（四）其他训练

鸟看表

水上漂着一只表，表上落着一只鸟。

鸟看表，表瞪鸟，

鸟不认识表，表也不认识鸟。

表

表慢，慢表，慢表慢半秒。

慢半秒，拨半秒，拨过半秒多半秒；

多半秒，拨半秒，拨过半秒少半秒。

拨来拨去是慢表，慢表表慢慢半秒。

游戏：读表

训练方法：准备一块手表，成人与儿童调整手表指针到具体刻度，并引导儿童说出"慢半秒，拨半秒，拨过半秒多半秒；多半秒，拨半秒，拨过半秒少半秒"。

训练促进点：锻炼儿童实践能力，并且通过具体指令的完成，提高儿童的理解力。

训练材料："表"绕口令。

第二十八章　韵母 ian

一、发音原理

（一）发音部位及发音方法

1. 发音部位

"ian" 属于前鼻音韵母，起点元音是前高不圆唇元音 i，发音时舌位在前且位置较高，嘴唇不为圆形，嘴角展开，舌尖抵住下齿背，后嘴唇上下张开，使口腔半开，由元音 a 过渡到 "n"（前鼻韵尾 n 与声母 n 的发音部位是相同的，都是舌尖要抵满上齿龈。二者的区别在于，声母 n 发音时要除阻，前鼻韵尾 n 则不除阻）。

2. 发音方法

发音时，由发 "i" 音开始，嘴角展开并保持，发音短促；后发 "an" 音，归音到 "n" 音，嘴部张大，发音清晰响亮，让气流从鼻腔送出。发音过程中，三个音之间自然过渡，保持气流不中断。

（二）发音游戏

1. 吃糖

与儿童面对面坐着或面对面站着，手里可以拿着棒棒糖或糖葫芦等，让儿童张大嘴，发 "啊" 音，练习唇部张开样态。

2. 张合训练

准备芒果干，让儿童先用嘴唇含住半个芒果干，再让儿童张开嘴把芒果干拿出。这个训练可以练习发 "in" 时嘴唇和口腔的变化。

二、听辨训练

能正确听辨出"ian",是正确发音的前提。

游戏 1：红绿灯

训练方法：准备红色和绿色的感应彩灯，当成人念到带有韵母 ian 的字或词语时，儿童按下绿色彩灯，念到带有其他韵母的字或词语时，儿童按下红色彩灯。

训练促进点：有利于锻炼儿童对韵母 ian 的分辨能力和反应力。

训练材料：烟熏、见到、简短、尖锐、窗帘、浅滩、发电、线段等。

游戏 2：大浪淘沙

训练方法：准备分别写有韵母 ian、iao、ia、in 的卡片，成人依次发音，儿童需要在成人每一次发音后准确指出相应的韵母卡片，并重复对应韵母的发音。

训练促进点：有利于儿童从众多相似的韵母中分辨出韵母 ian。

训练材料：电线、肩膀、香蕉、吓人、音乐、眼睛、漂亮、大虾等。

三、发音诱导和联想

（一）发音诱导

发音时，先发"i"音，两边嘴角做"微笑"的动作，定准口型；然后慢慢滑向"a"的发音，气流不中断，上下唇张开，口腔由较小变为半开，嘴角继续保持"微笑"状。可以想象与其发音相似的"烟（yān）"音。

（二）发音联想

1.词语猜猜猜：成人指物品，儿童进行词语猜测，引导儿童说出"天（tiān）空""电线（diàn xiàn）""眼睛（yǎn）""肩膀（jiān）"等词语，练习发"ian"的音。

2.签名游戏：成人与儿童各自准备一张纸片，分别写上自己的姓名，成人引导儿童说出："我叫 XXX，这是我的签名""这是妈妈的签名，妈妈叫 XXX"。引导儿童发"签（qiān）"的音。

四、发音练习

（一）单字练习

眼（1Y-2108）烟（1Y-2095）棉（1M-1232）面（1M-1235）
点（1D-359）电（1D-360）钱（1Q-1437）线（1X-1975）
剪（1J-817）尖（1J-809）

（二）单字游戏

游戏 1：看图猜字

训练方法：成人准备一个不透明的纸盒与若干字卡，字卡上有"眼""烟""面""电""剪"等带有韵母 ian 的汉字及其对应图像。成人从纸盒内随机抽取一张字卡，用手遮住汉字部分，指着汉字下方的图像，让儿童看图猜测字卡上的汉字是什么，并引导儿童说出类似"这个字是'眼'，眼睛的'眼'"等句子。

训练促进点：儿童看图猜字，既能巩固韵母 ian 的发音，又能提高联想与组词能力，提升儿童的学习兴趣。

训练材料：眼、烟、面、电、剪。

游戏 2：购物

训练方法：成人准备玩具模型，并用数字标注价钱，同时扮演收银员，儿童扮演顾客，引导儿童问"这些玩具多少钱"，成人简单计算价格，并说出"一共是 XX 元"，同时让儿童进行重复。

训练促进点：重复训练这组对话，可以准确练习发音，同时提升儿童应答能力。

训练材料：玩具模型、钱（或纸币模型）。

五、综合巩固

（一）词语训练

yǎn 睛（1Y-2108）　tián 野（1T-1794）　mián huā棉花（1M-1232）

biàn huà变化（1B-105）　lián huā莲花（1L-1073）　àn jiàn按键（1J-830）

diàn huà电话（1D-360）　qiān míng签名（1Q-1435）　yān huǒ烟火（1Y-2095）

xián zhě贤者（1X-1967）

游戏：开盲盒

训练方法： 成人将词语写在纸片上，放入盲盒中，引导儿童抽纸片并读取。如若读对了，则奖励盲盒礼物，读错则没有奖励。

训练促进点： 在开盲盒的喜悦中熟读词语，引导儿童练习韵母 ian 的发音，提高兴趣。

训练材料： 眼睛、田野、棉花等。

（二）短语训练

dà dà de yǎn 大大的眼 睛（1Y-2108）　wèi lán de tiān蔚蓝的天 空（1T-1799）

tián yě de xiǎo lù田野的小路（1T-1794）　dǎ diàn huà打电话（1D-360）

róng yù diàn táng荣誉殿堂（1D-364）　yì jiān xiǎo wū一间小屋（1J-811）

liàn xí pǎo bù练习跑步（1L-1077）　duàn liàn shēn tǐ锻炼身体（1L-1078）

xiān hòu shùn xù先后顺序（1X-1961）　chī miàn tiáo吃面条（1M-1235）

游戏：击鼓换词

训练方法： 成人敲击鼓面，儿童将短语卡片拿在手中来回调换。当鼓声停止时，儿童读取手中最上面的短语卡片。

训练促进点：促进儿童对韵母 in 的掌握。

训练材料：荣誉殿堂、练习跑步、一间小屋等。

（三）短句训练

1. 蓝蓝的天空飘来一朵云彩。

2. 妈妈下班给我打电话。

3. 爷爷每天早晨都坚持练习跑步。

4. 田间有一条小路。

5. 奶奶用剪刀剪窗花。

游戏：藕断丝连

训练方法：将短句写在长纸条上，成人握住有字的一端，儿童抽取无字的一端，抽出来进行读取。

训练促进点：任意抽取短句进行阅读训练，能够提高儿童对韵母 in 的熟悉度。

训练材料：蓝蓝的天空飘来一朵云彩；妈妈下班给我打电话等。

（四）其他训练

水连天

天连水，水连天。水天一色望无边。蓝蓝的天似绿水。绿绿的水如蓝天，

到底是天连水？还是水连天？

扁娃拔扁豆

扁扁娃背个扁口背篓，上扁扁山拔扁豆。拔了一扁背篓扁豆，

扁扁娃背不起一扁背篓扁豆，只背了半扁背篓扁豆。

游戏：击掌游戏

训练方法：成人和儿童一人一句读取材料，当念到带有韵母 ian 的字时，进行击掌。

训练促进点：当读到带有韵母 ian 的字时带入手部动作，有利于儿童对其的熟悉和掌握。

训练材料："水连天""扁娃拔扁豆"绕口令。

第二十九章　韵母 iang

一、发音原理

（一）发音部位及发音方法

1. 发音部位

"iang" 属于带鼻音韵母。发 "iang" 时，舌头前伸使舌尖抵住下齿背，接着后缩至中央，唇形由扁平状逐渐大开，舌位降低，软腭下降，打开鼻腔通路，舌面后部后缩抵住软腭。

2. 发音方法

发音时，先发 "i" 音，声音轻短，接着发 "a" 音，舌位降低，舌头居中央，嘴唇展开，然后软腭下降，舌面后缩抵住软腭，气流振动声带后从鼻腔通过发 "ng" 音。

（二）发音游戏

1. 舌头过山车

成人指导儿童用舌头按照一定顺序舔牙齿的内部与外部，可以从左到右或从右到左、从上到下或从下到上等。让儿童的舌头可以尽可能充分地在口腔内进行活动。扩大儿童舌头的运动范围和运动角度，促进舌头的灵活性。

2. 口型达人

成人引导儿童做不同开口度的嘴型，并坚持10秒。训练儿童开口度的灵活性，保持口型稳定度。

二、听辨训练

能正确听辨出 "iang"，是正确发音的前提。

游戏1：我是小鼓手

训练方法：准备含有韵母 iang 的字词若干。成人慢慢朗读，每当读到含有"iang"的字时，儿童在纸上写下"iang"。

训练促进点：朗读的快慢可以提高儿童对韵母 iang 的敏感度，便于儿童集中注意力。

训练材料：所向披靡、心想事成、人心向背、背井离乡、入乡随俗、高风亮节、眼明心亮、自强不息、争强好胜、半壁江山、翻江倒海、江郎才尽等。

游戏2：小狗快跑

训练方法：准备一个小狗玩具和含有韵母 iang 的短语若干。成人慢慢读出短语，每当读到含有韵母 iang 的字时，儿童向前移动一次。

训练促进点：根据训练，加强儿童对"iang"音的敏感性和注意力。

训练材料：亮相、响亮、想象、踉跄、湘江、山羊、强大、抢答等。

三、发音诱导和联想

（一）发音诱导

发音时，先发"i"音，找准舌位移动的起点，紧接着发"ang"音，舌头后缩，唇形展开，气流振动声带后通过鼻腔。

（二）发音联想

1.认江河：成人准备中国河流水系图，带领儿童学习，引导儿童发"江（jiāng）"的音。

2.数生姜：成人准备若干生姜，带领儿童进行数数，引导儿童发"姜（jiāng）"的音。

四、发音练习

（一）单字练习

^{jiāng}江（1J-832）　^{jiāng}姜（1J-833）　^{jiǎng}奖（1J-839）　^{jiàng}降（1J-842）

^{liáng}粮（1L-1084）^{liàng}亮（1L-1086）^{niàng}酿（1N-1306）^{qiāng}腔（1Q-1443）

^{qiáng}墙（1Q-1445）^{xiǎng}响（1X-1991）

（二）单字游戏

游戏 1：我是设计师

训练方法： 成人在画纸上准备一些服饰简笔画，缓慢读出含有韵母 iang 的字或词语，当儿童听到"iang"音时就为简笔画涂色。

训练促进点： 加强对韵母 iang 的敏感性和对色彩的感知力。

训练材料： 长江、生姜、奖状、漂亮等。

游戏 2：江水里面有什么？

训练方法： 成人与儿童拍手轮流提问作答，"江水里面有什么？""有鱼、有虾、有珊瑚……"。

训练促进点： 通过问答的方式，引导儿童多次说出"江"字，练习"ing"的发音，同时拓宽儿童的知识面。

训练材料： 江水里面有什么？

五、综合巩固

（一）词语训练

^{cháng jiāng}长江（1J-832）　^{shēng jiāng}生姜（1J-833）　^{jiǎng zhuàng}奖状（1J-839）

^{jiàng luò}降落（1J-842）　^{liáng shí}粮食（1L-1084）^{piào liang}漂亮（1L-1086）

niàng zào　　　xiōng qiāng　　　chéng qiáng
酿造（1N-1306）胸腔（1Q-1443）城墙（1Q-1445）

xiǎng liàng
响亮（1X-1991）

游戏：我有一列小火车

训练方法： 准备若干张带有韵母 iang 的词语卡片，让儿童念出卡片上的词语，每念对一个，可以给小火车增加一节车厢，当小火车有14节车厢时游戏结束。

训练促进点： 通过儿童对韵母 iang 的听说练习，提高儿童对它的掌握程度，同时锻炼儿童的图画能力。

训练材料： 铅笔、画纸、橡皮等。

（二）短语训练

bàn bì jiāng shān　　　　　qíng zhòng jiāng gōng
半壁江山（1J-832）　　情重姜肱（1J-833）

jiāng fá fēn míng　　　　　cóng tiān ér jiàng
奖罚分明（1J-839）　　从天而降（1J-842）

zhēn xī liáng shi　　　　　xīn míng yǎn liàng
珍惜粮食（1L-1084）　　心明眼亮（1L-1086）

sān niàng wǔ qí　　　　　màn qiāng rè xuè
三酿五齐（1N-1306）　　满腔热血（1Q-1443）

tóng qiáng tiě bì　　　　　bù tóng fán xiǎng
铜墙铁壁（1Q-1445）　　不同凡响（1X-1991）

游戏：抢板凳

训练方法： 在每个凳子上贴上短语，成人说出短语，儿童在10秒内找到正确的凳子坐下。

训练促进点： 提升儿童对韵母 iang 的掌握能力，同时提升儿童的反应速度。

训练材料： 铜墙铁壁、不同凡响等。

（三）短句训练

1. 长江是中国著名的河流。

2. 生姜是常用的调味品。

3. 小明得到了一张奖状。

4. 我们要珍惜粮食。

5. 凉凉的眼睛特别漂亮。

游戏：扩句游戏

训练方法：给定词语，成人与儿童交替扩句，在扩句过程中使用含有韵母 iang 的字。如"长江""长江是一条河""长江是中国的一条河""长江是中国著名的一条河"……

训练促进点：提高儿童对韵母 iang 的掌握程度，训练儿童的语文扩句能力。

训练材料：长江是中国著名的河流；生姜是常用的调味品等。

（四）其他训练

和尚和香

小和尚过江买檀香，大和尚过江挑水忙。

午时小和尚忙上香，大和尚江水灌满缸。

杨家和蒋家

杨家养了一只羊，蒋家修了一垛墙，杨家的羊撞倒了蒋家的墙，蒋家的墙压死了杨家的羊。杨家要蒋家赔杨家的羊，蒋家要杨家赔蒋家的墙。

游戏：跳皮筋

训练方法：成人与儿童在"杨家和蒋家"绕口音的录音下，跟随吟诵并跳皮筋，练习韵母 iang 的发音。

训练促进点：锻炼儿童对韵母 iang 的识别能力；提升体力。

训练材料："和尚和香""杨家和蒋家"绕口令。

第三十章　韵母 iong

一、发音原理

（一）发音部位及发音方法

1. 发音部位

"iong" 属于撮口呼，后鼻韵母。由 "i" "o" 和 "ng" 三个音素组成。起点元音是前高不圆唇元音 i（前高不圆唇即舌面前、舌位高、不圆唇）。舌位向后略向下滑动到次高后元音 u 的位置。舌位渐升，舌面前部抵住硬腭前部，当两者将要接触时，软腭下降，舌面前部与硬腭前部闭合使气流从鼻腔流出。舌位移动较小，发音动程较窄。

2. 发音方法

发音时，由 "i" 音开始，并以其为主，发音清晰响亮；后发 "ong" 音，发音轻短模糊，两音之间自然过渡。舌头、嘴唇以至整个口腔的形状要逐渐变动，气流不中断，即两个元音之间无明显界限。

（二）发音游戏

1. 吸管拉锯战

准备一根吸管，儿童与成人各用一端，两人同时吹气。

2. 储水游戏

儿童、成人嘴里各含一口水，脸颊微鼓为准，看谁坚持时间久。

二、听辨训练

能正确听辨出 "iong"，是正确发音的前提。

游戏 1：运动达人

训练方法：成人读出字卡上的字，当读到含 iong 的字时，儿童做一个蹲起，读到其他音节时儿童跳一下，儿童判断正确则成人做相同动作。

训练促进点：提高儿童对韵母 iong 的听辨能力及敏感度；促进儿童骨骼发育。

训练材料：用、拥、勇、熊、琼、雄、穹、兄等。

游戏 2：小鼓手

训练方法：成人匀速读出词语，儿童听到含韵母 iong 的字或词语时双手敲击桌面，听到含韵母 un 的字或词语时拍手，听到其他音节时配合点头。

训练促进点：提高儿童对韵母 iong 的听辨能力及敏感度；增强儿童节奏感。

训练材料：兄弟、云彩、运气等。

三、发音诱导和联想

（一）发音诱导

发音时，先发"i"的音，舌位向后略向下滑动，嘴唇拢圆，定准口型，然后慢慢滑向"ong"的发音，气流不中断，舌尖上移，最后舌尖轻抵上牙齿背，让气流从鼻孔流出。

（二）发音联想

1.抱一抱：爸爸妈妈边做拥抱的动作，边重复说"拥抱"，引导儿童发"拥^{yōng}"的音。

2.一家人：爸爸妈妈教儿童亲属称谓的关系。例如，爸爸和伯伯是兄弟，爸爸和姑姑是兄妹。在教会儿童认清亲属称谓的同时重复引导儿童发"兄^{xiōng}"的音。

四、发音练习

（一）单字练习

拥（1Y-2205）勇（1Y-2208）泳（1Y-2207）窘（2J-350）

穷（1Q-1473）琼（2Q-627）凶（1X-2043）兄（1X-2043）

雄（1X-2047）熊（1X-2048）

（二）单字游戏

游戏：头脑风暴

训练方法： 规定一个工具，儿童和成人轮流用"用来XX"的句式介绍工具用途。例："石头"，"用来铺路""用来建房子"等。

训练促进点： 提高儿童对"iong"的掌握程度；提高儿童创造力。

训练材料： 用。

五、综合巩固

（一）词语训练

拥抱（1Y-2205）勇敢（1Y-2208）游泳（1Y-2207）

窘迫（2J-350）贫穷（1Q-1473）琼岛（2Q-627）

凶狠（1X-2043）兄弟（1X-2043）英雄（1X-2047）

灰熊（1X-2048）

游戏：抽词造句

训练方法： 准备含有韵母iong的词卡，背面向上，成人和儿童轮流抽出卡片，并用卡片上的词语造句。

训练促进点：提高儿童对韵母 iong 的掌握程度；提高儿童的词汇运用能力。

训练材料：拥抱、游泳、英雄、窘迫等。

（二）短语训练

yí gè yōng bào
一个拥抱（1Y—2205）

yǒng gǎn de huá xuě yùn dòng yuán
勇敢的滑雪运动员（1Y—2208）

yóu yǒng néng jiǎn féi
游泳能减肥（1Y—2207）

jiǒng pò de biǎo qíng
窘迫的表情（2J—350）

bǎi tuō pín qióng
摆脱贫穷（1Q—1473）

měi lì de qióng dǎo
美丽的琼岛（2Q—627）

xiōng hěn dé kě pà
凶狠得可怕（1X—2043）

xiōng dì qíng shēn
兄弟情深（1X—2043）

xiàng yīng xióng zhì jìng
向英雄致敬（1X—2047）

huī xióng mì shí
灰熊觅食（1X—2048）

游戏：锁定目标

训练方法：成人读出短语，儿童进行重复时重读含有韵母 iong 的字并做出与该字相关的动作。

训练促进点：提高儿童对韵母 iong 的掌握程度；增强儿童对字词的理解。

训练材料：勇敢的运动员、窘迫的表情、向英雄致敬。

（三）短句训练

1. 学会游泳必须勇敢才可以。
2. 放学回家我给了妈妈一个拥抱。
3. 动物园里的大灰熊看起来好凶狠。
4. 这个暑假我和我的兄弟去了美丽的琼岛。
5. 我们要向伟大的抗疫英雄致敬。

游戏：扩句游戏

训练方法：给定词语，成人与儿童交替扩句，在扩句过程中尽量多用含有韵母 iong 的字。例："琼岛""琼岛摆脱穷困""琼岛在英雄的带领下摆脱穷困"……

  训练促进点：提高儿童对韵母 iong 的掌握程度；提高儿童创造力。

  训练材料：学会游泳必须勇敢才可以；放学回家我给了妈妈一个拥抱。

（四）其他训练

  小明和小华是亲兄弟。这个暑假，他们去了不同的地方旅游。小明来到了美丽的琼岛——海南，在这里他学会了游泳，妈妈给了他一个拥抱，夸赞他很勇敢。而小华去了红山动物园，看到凶狠的灰熊从树林里向他走来，小华吓得窘迫地离开了动物园，去海南找他的哥哥小明。

  游戏：阅读接力战

  训练方法：成人与儿童合作读一段多处含有韵母 iong 字的短文，当碰到含有韵母 iong 的字，另一人喊停并接着停顿处继续诵读。若碰到含有 iong 的字，另一人没有喊停，则该玩家挑战失败。

  训练促进点：提高儿童对韵母 iong 的掌握程度；提高儿童注意力。

  训练材料：小明和小华是亲兄弟。这个暑假，他们去了不同的地方旅游。小明来到了美丽的琼岛——海南，在这里他学会了游泳，妈妈给了他一个拥抱，夸赞他很勇敢。而小华去了红山动物园，看到凶狠的灰熊从树林里向他走过来，小华吓得窘迫地离开了动物园，去海南找他的哥哥小明。

第三十一章　韵母 ua

一、发音原理

（一）发音部位及发音方法

1. 发音部位

"ua"属于后响复元音，是元音 u 和 a 的音素复合。起点元音是舌位靠后、较高的圆唇元音 u，发音时，舌位逐渐降低，唇形由圆唇逐渐展开，嘴巴慢慢张开，终止位置接近比元音 a 略高的位置。

2. 发音方法

发音时，由"u"开始，其音轻而短；后发"a"音，发音较长且声音响亮，两音之间自然过渡。舌头、嘴唇以至整个口腔的形状要逐渐变动，气流不能中断，即两个元音之间无明显界限。

（二）发音游戏

1. 吸酸奶

舀一勺酸奶，放到唇中间离唇0.5厘米左右的位置，让儿童做出圆唇吸的口部动作。加强圆唇动作的速度和稳定性，锻炼嘴唇的灵活性。

2. 吹哨子

成人引导儿童吹哨子，并逐步延长吹哨子的时间。增强吹气力度，提升口部肌肉如嘴唇、舌头和下颚等的控制能力。

二、听辨训练

能正确听辨出"ua"，是正确发音的前提。

游戏 1：摘西瓜

训练方法：准备含有韵母 ua 的短语若干，西瓜卡片若干。成人慢慢朗读短语，每当读到含有韵母 ua 的字时，儿童便把一张西瓜卡片放入准备好的玩具筐，所有西瓜进筐即为游戏结束。

训练促进点：可以训练儿童对"ua"音的敏感性和注意力。

训练材料：刷牙、画画、挖沙、一朵花、娃娃、话语、瓜果、卦象等。

游戏 2：我是小花仙

训练方法：成人在白纸上画一个没上色的小花仙人物模型，缓慢阅读准备好的语段，当儿童听到"ua"音时就填充一种颜色，最后给小花仙完成上色。

训练促进点：根据训练，加强儿童对"ua"音的敏感性和注意力。

训练材料：妈妈挎着花篮去卖花，娃娃穿着花袜去买褂，不料街上流水哗哗直打滑，妈妈扔了花篮，娃娃湿了花袜，妈妈卖不了花，娃娃买不成褂。

三、发音诱导和联想

（一）发音诱导

发音时，先发"u"的音，定准口型，然后慢慢滑向"a"的发音，气流不中断，舌位下降，口型逐渐变大，嘴角向两边展开。可以想象惊讶时"哇"的发音。

（二）发音联想

1.学刷牙：准备儿童牙刷、牙膏，成人一边教儿童刷牙，一边引导儿童发出"刷"的读音。

2.过家家：准备儿童喜欢的玩具、布娃娃等，成人一边陪儿童过家家，一边引导儿童发出"娃"的读音。

四、发音练习

（一）单字练习

瓜^{guā}（1G-598）　花^{huā}（1H-704）　画^{huà}（1H-710）　挖^{wā}（1W-1845）

蛙^{wā}（1W-1847）　娃^{wá}（1W-1848）瓦^{wǎ}（1W-1849）抓^{zhuā}（1Z-2447）

爪^{zhuǎ}（1Z-2448）挂^{guà}（2G-247）

（二）单字游戏

游戏 1：我有一朵小花花

训练方法：准备若干花朵卡片，如牵牛花、丁香花、玫瑰花和百合花，成人展示卡片时，引导儿童说出句子"我有一朵牵牛花 / 丁香花……"。

训练促进点：重复训练这个句子，训练韵母 ua 的发音。

训练材料：牵牛花、丁香花、玫瑰花和百合花。

游戏 2：青蛙快跑

训练方法：准备一只玩具青蛙，儿童每念一次"呱"就可以使青蛙前进一步，到达终点即为游戏结束。

训练促进点：促进儿童对韵母 ua 发音的掌握。

训练材料：呱。

五、综合巩固

（一）词语训练

刮^{guā}脸^{liǎn}（1G-599）　挂^{guà}历^{lì}（1G-600）滑^{huá}板^{bǎn}（1H-707）

化^{huà}石^{shí}（1H-708）　夸^{kuā}奖^{jiǎng}（1K-991）刷^{shuā}子^{zi}（1S-1682）

玩^{wán}耍^{shuǎ}（1S-1683）垮^{kuǎ}塌^{tā}（2K-399）水^{shuǐ}洼^{wā}（2W-756）

袜子（2W-757）

游戏：画画的 baby

训练方法：准备若干含有韵母 ua 的词语卡片和若干支彩笔。儿童每将一个词语大声朗读三次，即可获得一支彩笔。

训练促进点：促进儿童对韵母 ua 的掌握。

训练材料：挂历、袜子、水洼等。

（二）短语训练

清华大学（1H-705）　　大声喧哗（1H-706）

划着小船（1H-709）　　严肃的谈话（1H-711）

笔直的白桦（1H-712）跨越栏杆（1K-992）

哇哇大哭（1W-1846）　　八卦记者（2G-246）

狡猾的狐狸（2H-276）跨着篮子（2K-400）

游戏：抓娃娃

训练方法：准备含有韵母 ua 的短语卡片若干，并将它们贴在布娃娃后面，把娃娃摆在离儿童两米的地方，儿童跑过去拿到娃娃并成功念出短语，直至所有娃娃上的短语都被正确念出。

训练促进点：提升儿童对韵母 ua 的掌握能力；提高儿童反应能力，使儿童更加开朗。

训练材料：八卦记者、跨着篮子等。

（三）短句训练

1.妈妈把一个精致的吊坠挂在了手机上。

2. 这篇文章辞藻华美。

3. 小明脚下一滑，坐在了地上。

4. 我们应该敢于抓住那些稍纵即逝的机会表现自己。

5. 她是一个沉默寡言的女生。

游戏：看图说话

训练方法：将训练材料的要素都画在一张卡片上，例如：成人在纸上画出一个人物模型，手中有一部手机，人物正在给手机挂吊坠，引导儿童说出类似于"妈妈把一个精致的吊坠挂在了手机上"的句子。

训练促进点：提升儿童对韵母 ua 的掌握能力，提高儿童逻辑思维能力。

训练材料：妈妈把一个精致的吊坠挂在了手机上；这篇文章辞藻华美；小明脚下一滑，坐在了地上；我们应该敢于抓住那些稍纵即逝的机会表现自己；她是一个沉默寡言的女生。

（四）其他训练

妈妈挎着花篮去卖花，娃娃穿着花袜去买褂，不料街上流水哗哗直打滑，妈妈扔了花篮，娃娃湿了花袜，妈妈卖不了花，娃娃买不成褂。

游戏：口手并用

训练方法：给儿童穿上花袜和花褂，手臂上挎上花篮，并给儿童明确花袜、花褂、花篮的概念，成人阅读准备好的训练材料，儿童跟读的同时指出身上的花袜、花褂和花篮。

训练促进点：促进儿童对韵母 ua 的掌握；训练儿童的反应能力。

训练材料：妈妈挎着花篮去卖花，娃娃穿着花袜去买褂，不料街上流水哗哗直打滑，妈妈扔了花篮，娃娃湿了花袜，妈妈卖不了花，娃娃买不成褂。

第三十二章　韵母 uo

一、发音原理

（一）发音部位及发音方法

1. 发音部位

"uo"属于后响复元音，是后元音 u 和 o 的音素复合。起点元音是后高圆唇元音 u（u 是舌面元音，"后"指舌位靠后，"高"指舌位高，"圆唇"指唇形圆），发音时舌头后缩，舌尖抵住下齿龈后方，口微开，双唇用力突出呈圆形，舌后部向软腭抬起，声带振动；之后向元音 o 过渡，嘴唇保持圆形，开口度略大，舌头向后缩，舌居中，保持声带振动。

2. 发音方法

发音时，由"u"开始，以"o"为主，"u"的发音相对轻短模糊；后发"o"音，发音更加清晰响亮；两音之间自然过渡。舌头、嘴唇以至整个口腔共鸣器的形状要逐渐变动，气流不中断，即两个元音之间无明显界限，从"u"过渡到"o"时嘴唇保持圆形但开口度略大，舌头逐渐后缩至居中，保持声带振动。

（二）发音游戏

1. 一触即发

在儿童面前举起一张白纸，成人引导儿童将口微开，嘴唇拢圆向前触碰白纸，触碰瞬间将嘴唇开口变大，远离白纸。

2. 训练舌头

成人引导儿童将嘴微张，舌尖先抵住嘴唇，然后向回缩，反复几次，锻炼儿童舌肌力量。

二、听辨训练

能正确听辨出"uo"，是正确发音的前提。

游戏 1：智慧击鼓

训练方法：成人准备小鼓和鼓槌，成人念带有韵母 uo 的字或短语，儿童根据位置敲击鼓面。例如："拖(tuō)地"，儿童敲击一下；"流离失所(suǒ)"，儿童敲击四下。

训练促进点：高效促进儿童对韵母 uo 的敏感程度，并锻炼动手能力。

训练材料：拖地、花朵、脱衣服、流离失所、开拓创新、摸索、罗布泊等。

游戏 2：萝卜蹲

训练方法：成人读取词语，当儿童听到带有韵母 uo 的词语时蹲下。

训练促进点：增进对韵母 uo 发音的敏感度。

训练材料：萝卜、生活、水果、或者、过失、躲藏、坐下、扩大等。

三、发音诱导和联想

（一）发音诱导

发音时，先发"u"的音，定准口型和舌位，然后慢慢滑向"o"的发音，气流不中断，舌位后移，口型拢圆，开口略大。可以想象公鸡打鸣时"喔(wō)喔(wō)喔(wō)"的发音。

（二）发音联想

1.花儿朵朵：准备彩纸，成人教儿童折出纸花，折好后引导儿童互赠花朵，练习"朵(duǒ)"的发音。

2.水果多多：成人准备水果图片识字卡，领读水果名称，并引导儿童说"水果多多"。练习"果(guǒ)"和"多(duō)"的发音。

四、发音练习

（一）单字练习

错（1C-298） 朵（1D-418） 锅（1G-627） 火（1H-749）

货（1H-752） 螺（1L-1162）锁（1S-1740）托（1T-1838）

驼（1T-1841）挪（1N-1324）

（二）单字游戏

游戏 1：锅里有什么

训练方法：成人引导儿童说出锅里有什么食材。例如，"锅里有茄子""锅里有肉"等。

训练促进点：引导儿童多次说出"锅"，促进儿童对韵母 uo 发音的熟练程度。

训练材料：锅。

游戏 2：鸵鸟游戏

训练方法：将儿童两两分为一组，将单字卡片粘贴到儿童身后。儿童需要将手背在身后装作鸵鸟读取对方身后的单字。

训练促进点：以游戏方式调动儿童积极性，熟悉韵母 uo 的发音。

训练材料：驼、挪、锁、托等。

五、综合巩固

（一）词语训练

措施（1C-297） 躲避（1D-419） 国旗（1G-628）

伙伴（1H-750） 括号（1K-1007）萝卜（1L-1160）

缩小（1S-1737）拖地（1T-1839）承诺（1N-1325）

弱视（1R-1541）

游戏：叫号

训练方法：将词语卡片编号，将有编号的一面放在桌子上，成人叫号，儿童翻过来读取词语。

训练促进点：锻炼儿童对韵母 uo 的发音；提高儿童的识数能力。

训练材料：承诺、弱视等。

（二）短语训练

多才多艺（1D-416）　水果糖（1G-629）

生活用品（1H-748）　获得称赞（1H-753）

海阔天空（1K-1008）　落井下石（1L-1167）

流离失所（1S-1738）　脱衣服（1T-1840）

一诺千金（1N-1325）　若隐若现（1R-1540）

游戏：对对碰

训练方法：儿童将三字短语和三字短语配对，四字短语和四字短语配对，配成对视为碰撞成功，然后读出碰撞的短语。

训练促进点：提高儿童对韵母 uo 的掌握程度。

训练材料：一诺千金、若隐若现等。

（三）短句训练

1. 中国女排夺得了冠军。

2. 孩子们都喜欢过年。

3. 成人帮助学生答疑解惑。

4. 提高英语水平需要扩大单词量。

5. 洛阳是十三朝古都。

游戏：贪吃蛇

训练方法：成人将短句打乱写在粘贴板上，引导儿童读取。儿童每成功读对一段，就将其接在下一截粘贴板上，像贪吃蛇一般使粘贴板越来越长。

训练促进点：促进儿童对韵母 uo 的掌握程度；提高儿童的表达能力。

训练材料：中国女排夺得冠军、孩子们都喜欢过年等。

（四）其他训练

多多找朵朵一起吃火锅，朵朵不想吃火锅，只想吃水果，多多感到很疑惑，送给朵朵火龙果，朵朵吃了火龙果，又想吃萝卜，多多拜托诺诺买了一筐筐萝卜。

游戏：打地鼠

训练方法：准备打地鼠道具，儿童在成人引导下读材料，当遇到带有韵母 uo 的字时击打地鼠。

训练促进点：巩固儿童对韵母 uo 的掌握。

训练材料：多多找朵朵一起吃火锅，朵朵不想吃火锅，只想吃水果，多多感到很疑惑，送给朵朵火龙果，朵朵吃了火龙果，又想吃萝卜，多多拜托诺诺买了一筐筐萝卜。

第三十三章　韵母 uai

一、发音原理

（一）发音部位及发音方法

1. 发音部位

"uai"属于中响复元音，是后元音 u、央元音 a 和前元音 i 的音素复合。起点元音是后高圆唇元音"u"（u 是舌面元音，"后"指舌位靠后，"高"指舌位高，"圆唇"指唇形圆），发音时舌头后缩，舌尖抵在下齿龈后方，口微开，双唇用力突出呈圆形，舌后部向软腭抬起，声带振动；之后向元音 a 过渡，口大开，舌位低，舌头居中央，嘴唇展开；最后以"i"收尾，唇形扁平，舌头前伸使舌尖抵住下齿背，保持声带振动。

2. 发音方法

发音时，由"u"开始，以"a"为主，以"i"收尾。"u"和"i"的发音相对轻短模糊，"a"发音清晰响亮，三个音之间自然过渡。舌头、嘴唇以至整个口腔共鸣器的形状要逐渐变动，气流不中断，即三个元音之间无明显界限。从"u"过渡到"a"时，嘴唇由拢圆逐渐展开，开口度逐渐变大，舌头逐渐前伸至中央；从"a"过渡到"i"时，嘴唇展开成扁平状，开口度逐渐变小，舌头前伸至舌尖抵住下齿背，声带持续振动。

（二）发音游戏

1. 开心果

儿童得连续发出"u""ai"两个音，并在"ai"处停下露出笑容。

2. 吹小船

将纸船放在水盆中央，儿童和成人在两边吹动纸船，看谁先将纸船吹到盆边。

二、听辨训练

能正确听辨出"uai"，是正确发音的前提。

游戏1：顺风耳

训练方法：成人读出带有韵母 uai 的字，儿童快速找出相应的卡片，边举起卡片边迅速读出来，如"快快快"。

训练促进点：提高儿童对韵母 uai 的听辨能力及敏感度。

训练材料：乖、怪、快、块、坏、淮、外、崴等。

游戏2：工兵排雷

训练方法：设定带有"uai"音的字为地雷，当儿童听到带有"uai"音的字时，喊出"快撤退"。

训练促进点：提高儿童对韵母 uai 的听辨能力及敏感度。

训练材料：乖、怪、快、块、坏、淮、外、崴。

三、发音诱导和联想

（一）发音诱导

发音时，先发"u"的音，定准口型和舌位，然后慢慢滑向"a"的发音，最后滑向"i"的发音，气流不中断，舌位前移至舌尖抵住下齿背，口型由拢圆逐渐扁平，开口度逐渐变小。可以想象"歪歪扭扭"的"歪（wāi）"和"外公外婆"的"外（wài）"的发音。

（二）发音联想

1.快乐问答：击鼓传花，传到花的儿童以"我很快乐，我快乐的原因是……"的句式发言，由此引导其练习"快（kuài）"的发音。

2.槐树槐花小画家：成人教儿童画槐树和槐花的简笔画，一边画，一边练习"槐"的发音，并和"画"的发音相区分。

四、发音练习

（一）单字练习

块^{kuài}（1K-993）　快^{kuài}（1K-994）摔^{shuāi}（1S-1685）甩^{shuǎi}（1S-1686）

帅^{shuài}（1S-1687）揣^{chuāi}（2C-104）乖^{guāi}（2G-248）坏^{huài}（1H-715）

槐^{huái}（2H-278）拽^{zhuài}（2Z-978）

（二）单字游戏

游戏：手指人找帽子

训练方法：做一些带有声母的"帽子"，儿童的手指为"uai"，当"帽子"上的声母可以和"uai"组合在一起时，儿童大声拼出该字，并读出。比如："帽子"上为"g"则儿童读出"guai"。

训练促进点：提高儿童对韵母 uai 的掌握程度。

训练材料：快、怪、槐、帅、拽等。

五、综合巩固

（一）词语训练

冰块^{bīng kuài}（1K-993）　快乐^{kuài lè}（1K-994）　衰亡^{shuāi wáng}（1S-1684）

摔跤^{shuāi jiāo}（1S-1685）帅旗^{shuài qí}（1S-1687）揣兜^{chuāi dōu}（2C-104）

怀抱^{huái bào}（1H-713）淮河^{huái hé}（1H-714）徘徊^{pái huái}（2H-277）

拉拽^{lā zhuài}（2Z-978）

游戏：卡片归类

训练方法：将带有"uɑi"音的词卡打乱，儿童通过读出相同的音进行分类。如将卡片分为"huɑ́i""kuɑ̌i""guɑ̌i"等类。

训练促进点：加强儿童对韵母 uɑi 的掌握。

训练材料：积木块、淮海、奇怪等。

（二）短语训练

jī mù kuɑ̀i
积木块（1K-993）

dà kuɑ̀i duǒ yí
大快朵颐（1K-994）

shuǎi shǒu wǔ
甩手舞（1S-1686）

guɑi bɑo bɑo
乖宝宝（2G-248）

kɑi huɑ́i dà xiào
开怀大笑（1H-713）

huɑ́i hɑǐ zhàn yì
淮海战役（1H-714）

qì jí bài huɑ̀i
气急败坏（1H-715）

pái huɑ́i bù dìng
徘徊不定（2H-277）

píng ɑn huɑ́i
平安槐（2H-278）

shēng lɑ yìng zhuɑ̀i
生拉硬拽（2Z-978）

游戏：你画我猜

训练方法：成人做出动作，儿童猜出给定词语。

训练促进点：提高儿童对韵母 uɑi 的掌握程度；增进儿童对相关词语的理解。

训练材料：气急败坏、生拉硬拽、徘徊不定等。

（三）短句训练

1. 父母都希望孩子可以快乐成长。

2. 小杰是一个帅气的男孩。

3. 这个孩子看上去很乖巧。

4. 坏人应该得到惩罚。

5. 警察一把将小偷拽住。

游戏：扩句能手

训练方法：给出一个带有韵母 uai 的词，两人轮流加词扩句，所扩词语中带有韵母 uai 的字记1分，不能扩句时游戏结束。

训练促进点：提高儿童对韵母 uai 的掌握能力；提高儿童的表达能力。

训练材料：帅气的小男孩快乐地玩着积木块。

（四）其他训练

外婆门前有槐树，块块槐花白又白，乖乖门外常徘徊，想拽槐花不敢拽，歪着身子差点摔，外公看见乐开怀，拽下槐花揣入怀，乖乖见了大胆拽。

游戏：绕口令大王

训练方法：通过练习，让儿童在给定的时间内完成训练材料的诵读，达到要求则给予奖励。

训练促进点：巩固儿童对韵母 uai 的掌握。

训练材料：外婆门前有槐树，块块槐花白又白，乖乖门外常徘徊，想拽槐花不敢拽，歪着身子差点摔，外公看见乐开怀，拽下槐花揣入怀，乖乖见了大胆拽。

第三十四章　韵母 uan

一、发音原理

（一）发音部位及发音方法

1. 发音部位

"uan"是由后元音 u 和前鼻韵母 an 组成的，在发音时需要振动声带，发"uan"音时，先将嘴唇拢圆，舌位升高，发"u"的音，然后嘴唇向左右展开，舌头前伸，舌位先降低再升高，最后舌尖抵住上齿龈。

2. 发音方法

发音时可采用"u"+"an"的方式，双唇先撮圆，舌头后缩，舌位抬高，发"u"的音，然后嘴唇向左右展开，舌位迅速滑降至前低元音 a，然后舌位升高，振动声带接续鼻音 n，在发音过程中要连续发音，自然完成从"u"到"an"的过渡。

（二）发音游戏

1. 唇型变化

为儿童涂上有色唇膏。成人准备白纸，引导儿童将嘴唇先拢圆印到纸上，再将嘴唇左右展开印到纸上，从而训练儿童发音时的唇部变化。

2. 灵敏舌尖

成人将涂有蜂蜜的筷子伸入儿童口腔内部，将蜂蜜涂抹在儿童上下牙膛以及左右脸颊内侧，引导儿童用舌尖舔蜂蜜，训练舌尖的灵敏程度。

二、听辨训练

能正确听辨出"uan"，是正确发音的前提。

游戏 1：真假韵母 uan

训练方法：准备含有韵母 uan 和韵母 üan 的词语，成人通过念这些词语引导儿童分辨出哪个才是真正的韵母 üan。

训练促进点：有利于儿童分辨韵母 uan 和韵母 üan 的发音。

训练材料：打**断**、一**团**、**穿**过、卷起来、权力、全部、选举等。

游戏 2：百里挑一

训练方法：准备若干带有韵母 uan、an、ian 的短语，成人逐一读出。儿童在听到带有韵母 uan 的字或词语时拍桌示意。

训练促进点：通过分辨众多与韵母 uan 发音类似的韵母，有利于儿童增进对韵母 uan 发音的敏感度。

训练材料：**完**成、**关**系、一般、盘子、电线、天天、钱包等。

三、发音诱导和联想

（一）发音诱导

先让儿童做出"u"的口型，然后嘴角逐渐向左右展开，舌位先升高再降低再升高，最后舌面抵住上颚，发音时可用手靠近喉咙，感受声带振动，在发音过程中也可模仿"玩^{wán}"的发音。

（二）发音联想

1. 弯弯的月亮：家长准备好笔和纸，陪孩子一起在纸上画出弯月，在画画的过程中引导孩子发出"弯^{wān}"的音。

2. 九连环小能手：家长准备好一个九连环，耐心地陪孩子尝试解开九连环，在过程中引导孩子发出"环^{huán}"的音。

四、发音练习

（一）单字练习

短（1B-404）　断（1B-406）　关（1G-603）　管（1G-608）
罐（1G-612）　环（1H-718）　乱（1L-1153）　酸（1S-1724）
蒜（1S-1725）　碗（1W-1860）

（二）单字游戏

游戏1：套五环

训练方法： 准备五色套环和五色玩偶，成人引导儿童将套环套在对应颜色的玩偶上，并说出句子"……色套环成功套入玩偶"。

训练促进点： 促进儿童对韵母 uan 发音的熟练度，增强儿童辨别颜色的能力。

训练材料： 环、玩。

游戏2：过家家

训练方法： 成人准备虚拟厨房，准备大蒜、碗、罐头等道具。引导儿童认识道具并读出拼音，并且教会儿童酸菜鱼、炒蒜薹等菜名。

训练促进点： 促进儿童对韵母 uan 的发音熟练度，丰富生活知识。

训练材料： 蒜、酸、碗、罐。

五、综合巩固

（一）词语训练

端着（1D-403）　一段（1D-405）　道观（1G-604）
发冠（1G-606）　饭馆（1G-607）　欢乐（1H-716）

柔软（1R-1536）酸菜（1S-1724）团圆（1T-1833）

海湾（1W-1853）

游戏：飞行棋

训练方法： 根据词语制作飞行棋和骰子，成人和儿童轮流掷骰子，引导儿童读出词语。

训练促进点： 促进儿童对韵母 uan 的掌握。

训练材料： 柔软、酸菜、团圆等。

（二）短语训练

比比长短（1D-404）坚持锻炼（1D-407）

关上大门（1G-603）检查管道（1G-608）

灌溉农田（1G-611）欢迎仪式（1H-716）

杂乱无章（1L-1153）春暖花开（1N-1323）

仔细计算（1S-1726）花团锦簇（1T-1833）

游戏：粘知了

训练方法： 准备短语卡片和挂钩，将它们挂在墙上，引导儿童利用带有双面胶的晾衣竿将短语粘下来并读出短语。

训练促进点： 儿童自主学习韵母 uan，提高儿童学习兴趣。

训练材料： 坚持锻炼、关上大门、团花簇锦等。

（三）短句训练

1. 端端在仔细计算着此次欢迎仪式的花销。

2. 在春暖花开的日子里，农民伯伯通过管道灌溉着农田。

3. 欢欢在杂乱的房间里开始锻炼。

4. 时值中秋，在这个团圆的节日里，一家人走进了欢乐饭馆。

5. 看着碗里的酸菜，他选择吃牛肉罐头。

游戏：剪羊毛

训练方法：将短句写在长纸条上连起来，系在成人身后，成人引导儿童每读出一个短句，就用儿童剪子剪掉一个短句。

训练促进点：提高儿童对韵母 uan 的熟悉度。

训练材料：端端在仔细计算着此次欢迎仪式的花销；欢欢在杂乱的房间里开始锻炼等。

（四）其他训练

宽扁担，短扁担，宽短扁担担焦炭，短扁担担炭沉甸甸，宽扁担担炭肩不酸。

游戏：翻花绳

训练方法：准备花绳，成人与儿童一人一句边翻花绳，边读句子。

训练促进点：提高儿童语言表达及动手能力。

训练材料：宽、短、酸。

第三十五章　韵母 uang

一、发音原理

（一）发音部位及发音方法

1. 发音部位

"uang"属于带鼻音韵母。发"uang"时，舌头后缩使舌面后部接近软腭，唇形由拢圆到大开，接着舌位降低，舌头移至中央，然后软腭下降，打开鼻腔通路，舌面后部后缩抵住软腭。

2. 发音方法

发音时，先发"u"音，声音轻短，接着发"a"音，舌位下降，舌头居中央，嘴唇展开，然后软腭下降，舌面后缩抵住软腭，气流振动声带后从鼻腔通过发"ng"音。

（二）发音游戏

1. 小风车

准备一个纸风车，通过成人示范双唇收圆吹动风车，来让孩子模仿，控制风车从快速到慢速或从慢速到快速。

2. 吹吸管

儿童在成人的引导下吹吸管，并逐渐延长吹吸管的时间。

二、听辨训练

能正确听辨出"uang"，是正确发音的前提。

游戏 1：拍手能手

训练方法：成人慢慢朗读训练材料，每当读到含有韵母 uang 的字时，儿童需要拍手。

训练促进点：训练儿童对韵母 uang 的敏感度和注意力，同时锻炼肢体协调能力。

训练材料：广阔、霜花、黄色、强壮、慌乱、眺望、光明、撞伤等。

游戏 2：我是建筑师

训练方法：成人准备若干含有韵母 uang 的词语卡片，然后阅读卡片，当读到含有韵母 uang 的字或词语时，儿童在纸上画出一个小房子。

训练促进点：加强儿童对韵母 uang 的敏感度。

训练材料：状况、窗框、装潢、光芒、恍如隔世、黄粱美梦、双管齐下、枉费心机、壮志未酬等。

三、发音诱导和联想

（一）发音诱导

发音时，先发"u"音，找准舌位移动的起点，紧接着发"ang"音，舌头前伸，唇形展开，气流振动声带后通过鼻腔。

（二）发音联想

1.叠床单：成人打乱床单，带领儿童叠床单，引导儿童发"床（chuáng）"的音。

2.找黄色：成人带领儿童在房中寻找带有黄色的物品，引导儿童发"黄（huáng）"的音。

四、发音练习

（一）单字练习

床（chuáng）（1C-264） 创（chuàng）（1C-266） 光（guāng）（1G-613） 广（guǎng）（1G-614） huāng荒（1H-724）　huáng皇（1H-726）　huáng黄（1H-727）　huàng晃（1H-729）

shuāng霜（1S-1689）　shuǎng爽（1S-1690）

（二）单字游戏

游戏1：数霜花

训练方法：成人准备若干画了不同数量的霜花卡片，成人说出数量，儿童找出相应数量的卡片，并数"一个霜花、两个霜花……"。

训练促进点：提高儿童对韵母 uang 的熟练度和计数能力。

训练材料：霜。

游戏2：折床单

训练方法：成人准备两套床单，向儿童示范如何折叠床单，并指导儿童亲手整理，在整理过程中引导儿童说出"先这样折叠床单，再这样对折床单……"的句子。

训练促进点：提高儿童对韵母 uang 的掌握程度；提升儿童的动手能力。

训练材料：床。

五、综合巩固

（一）词语训练

chuáng dān床单（1C-264）　chuàng zào创造（1C-266）　guāng xiān光鲜（1G-613）

guǎng kuò广阔（1G-614）　huāng liáng荒凉（1H-724）　huáng gōng皇宫（1H-726）

huáng shān黄山（1H-727）　yáo huàng摇晃（1H-729）　shuāng huā霜花（1S-1689）

liáng shuǎng凉爽（1S-1690）

游戏：解救玩具小能手

训练方法：将8个玩具放入倒扣的框内，准备8张带有韵母 uang 的词语卡片，儿童每成功念出一个词语便可以解救一个玩具。

训练促进点：加强儿童对韵母 uang 的掌握。

训练材料：装潢、狂妄、双簧等。

（二）短语训练

tóng chuáng gòng zhěn
同床共枕（1C-264）

kāi jī chuàng yè
开基创业（1C-266）

hú guāng shān sè
湖光山色（1G-613）

guǎng mào wú yín
广袤无垠（1G-614）

huāng wú rén yān
荒无人烟（1H-724）

guān miǎn táng huáng
冠冕堂皇（1H-726）

yán huáng zǐ sūn
炎黄子孙（1H-727）

yáo tóu huàng nǎo
摇头晃脑（1H-729）

ào xuě líng shuāng
傲雪凌霜（1S-1689）

qiū gāo qì shuǎng
秋高气爽（1S-1690）

游戏：我是大富翁

训练方法：准备若干含有韵母 uang 的字的词语，且标有金额的卡片，难度越大，金额越高，儿童和成人轮流读出卡片上的词语，正确可以得到卡片，游戏结束后比较金额。

训练促进点：加强儿童对韵母 uang 的熟悉度；锻炼儿童的计算能力。

训练材料：光彩夺目、光怪陆离、狂风暴雨、旷日持久等。

（三）短句训练

1.五岳归来不看山，黄山归来不看岳。

2.我们用勤劳的双手创造财富。

3.冬天，户外的树上凝满了霜雪。

4.我们一家在秋高气爽的日子里出门野餐。

游戏：看图说话

训练方法：将训练材料的主要要素画在卡片上，带领儿童朗读句子，朗读后选择符合的图片。

训练促进点：提高儿童对韵母 uang 的熟悉度；提升儿童的理解能力。

训练材料：五岳归来不看山，黄山归来不看岳等。

第三十六章　韵母 üan

一、发音原理

（一）发音部位及发音方法

1. 发音部位

"üan"是由前高元音 ü 和前鼻韵母 an 组成的，在发音时需要振动声带，首先舌尖抵住下齿背，舌面升高，舌面前部抵住硬腭前部，当两者将要接触时，软腭下降，打开鼻腔通路，紧接着舌面前部与硬腭前部闭合使在口腔受到阻碍的气流，从鼻腔透出，唇形在发音过程中从圆唇逐步展开。

2. 发音方法

发音时可采用"ü"+"an"的方式，发"üan"的音时，先将嘴唇拢圆，舌位升高，舌尖抵住下齿龈，发"ü"的音，然后嘴唇向左右展开，舌头后伸，舌位先降低再升高，最后舌尖抵住上齿龈，振动声带发音，在发音过程中要连续发音，自然完成从"ü"到"an"的过渡。

（二）发音游戏

游戏 1：吹羽毛

训练方法：成人指导儿童吹一片羽毛，用力吸气，鼓腮，憋住气，并用力向外鼓气和换气，尽量不让羽毛掉下来，坚持几秒钟，反复练习。

训练促进点：通过训练可以提升唇部的肌肉力量。

训练材料：羽毛。

游戏 2：舌随果冻

训练方法：成人将一小块果冻放入儿童口中，并指导儿童用舌头推着果冻在口腔内游走。

训练促进点：通过训练可以提升舌头的肌肉力量。

训练材料：果冻。

二、听辨训练

能正确听辨出 üan，是正确发音的前提。

游戏 1：套圈

训练方法：准备含有韵母 üan 的短语若干。成人慢慢朗读短语，每当读到含有韵母 üan 的字时，儿童将圈从头部套入从脚下取出，或从脚下套入从头上取下。

训练促进点：朗读短语的快慢可以训练儿童对"üan"音的敏感性和注意力。

训练材料：圆圈、疲倦、泉水。

游戏 2：推小车

训练方法：把圈竖立在地面，成人缓慢阅读准备好的短语，当儿童听到含有韵母 üan 的字时，就将圈从房间一端推向另一端，看谁推得好。

训练促进点：根据训练，加强儿童对"üan"音的敏感性并提高儿童的肢体协调能力。

训练材料：划拳、警犬、羊圈。

三、发音诱导和联想

（一）发音诱导

先让儿童做出"ü"的口型，然后嘴角逐渐向左右展开，舌位先升高再降低再升高，舌头先前伸再后伸至口腔中部，最后舌面抵住上颚，发音时可用手靠近喉咙，感受声带振动，在发音过程中也可模仿"圆"的发音。

（二）发音联想

1.圆圆的它：成人准备好一些圆形的物体，如硬币、瓶盖等，将圆形物体和其他形状的物体放在一起，让儿童从中找出哪些是圆形的，在过程中引导儿童发出"圆"的音。

2. 猜拳小游戏：成人与儿童一起猜拳并准备好一些小奖品用于激励儿童，在猜拳过程中引导儿童发"拳"的音。

四、发音练习

（一）单字练习

倦（1J-940） 圈（1Q-1489） 泉（1Q-1492） 拳（1Q-1493）
犬（1Q-1494） 选（1X-2072） 元（1Y-2257） 园（1Y-2259）
圆（1Y-2261） 怨（1Y-2267）

（二）单字游戏

游戏 1：旋转小风车

训练方法：准备一个能转动的塑料风车，成人引导儿童发"旋"的音，每转动一次小风车，就说一遍"旋转小风车"。

训练促进点：重复训练这个句子，训练韵母 üan 的发音。

训练材料：旋转小风车。

游戏 2：说出你的心愿

训练方法：准备若干小蜡烛，儿童每吹灭一根蜡烛就可以说出一个心愿，成人引导儿童说出"我的心愿是……"，并重复这个句子。

训练促进点：促进儿童对韵母 üan 的发音；提高儿童肢体协调能力。

训练材料：我的心愿是……

五、综合巩固

（一）词语训练

花卷（1J-939）　权杖（1Q-1491）　泉水（1Q-1492）

证券（1Q-1496）　宣纸（1X-2068）　凯旋（1X-2071）

原野（1Y-2260）　援助（1Y-2263）　埋怨（1Y-2267）

愿意（1Y-2269）

游戏：收集卷轴

训练方法：准备若干含有韵母 üan 的词语卷轴，将它们放在教室的各个角落，儿童找到并大声念出卷轴上的词语，直至卷轴上的词语全部成功念出。

训练促进点：巩固所学词语并锻炼儿童口、手、脑的协调性。

训练材料：原野、援助、埋怨等。

（二）短语训练

风卷残云（1J-939）　疲倦不堪（1J-940）

全心全意（1Q-1490）　泪如泉涌（1Q-1492）

证券交易（1Q-1496）　宣之于口（1X-2068）

难以选择（1X-2072）　逐鹿中原（1Y-2260）

施以援手（1Y-2263）　世外桃源（1Y-2265）

游戏：满园春色

训练方法：准备一棵大树模型，将带有韵母 üan 的词语纸片揉成纸团挂在树梢，儿童摘下并大声读出卡片上的短语。

训练促进点：通过儿童对韵母 üan 的阅读，加强对韵母 üan 的掌握。

训练材料：难以选择、逐鹿中原、世外桃源等。

（三）短句训练

1. 疲倦的圆圆站在院里望着远处的原野，感到一阵轻松。

2. 正在他无法选择的时候，素不相识的人却愿意施以援手开导他。

3. 他放弃了逐鹿中原的梦想，一心想找一个世外桃源的地方，以泉石竹树养心。

4. 正当媛媛全心全意地写作业的时候，全全却风卷残云般吃完了桌上的零食，媛媛顿时泪如泉涌。

5. 他在宣纸上写下来"待你凯旋"四个字。

游戏：耳语传真

训练方法：成人给出一句话，要求儿童一个接一个地将原话传达给下一个人，传话的时候只能轻声说，一个传一个，看最后一个人能否说出原话。

训练促进点：巩固对韵母 üan 的听辨和表达能力；提高儿童的注意力、理解记忆能力和表达能力。

训练材料：疲倦的圆圆站在院里望着远处的原野，感到一阵轻松。

（四）其他训练

男演员、女演员，同台演戏说方言。男演员说吴方言，女演员说闽南言。男演员演远东劲族飞行员，女演员演鲁迅著作研究员。研究员、飞行员，吴方言、闽南言。你说男女演员演得全不全？

游戏：正话反说

训练方法：准备好训练材料，成人对儿童说出一个短句，儿童需要将说给自己的短句反着告诉成人，熟练后成人与儿童角色互换。

训练促进点：促进儿童对韵母 üan 的掌握；训练儿童的反应能力。

训练材料：难以选择、逐鹿中原、世外桃源。

后　记

这本书受到了下列项目资助，是下列项目的结项成果之一："智能儿童语言障碍矫正治疗机器人产业化开发"（吉林省科技发展计划项目，项目批准号：20210401170YY）、"学习障碍儿童多模态智能诊疗系统研发与应用创新团队"（吉林省科技发展计划项目，项目批准号：20240601003RC）、"学习障碍儿童矫治康复机器人"（吉林大学第一医院成果转化基金资助项目，项目批准号：JDYYZH-2023008）。

本书亦受到语芯伴健康管理（长春）有限公司和东北师范大学语言健康与智慧应用研究中心的资助。

本书从立意到出版，历时三年有余，能够完成这一研究，得到了多方面的指导和帮助，这其中包括临床医生、小学一线语文教师、东北师范大学语言健康与智慧研究中心的部分成员和《光明日报》出版社的编辑老师们。因为有了他们的无私帮助和辛勤付出，本书才得以顺利出版。

吉林大学第一医院发育行为儿科主任贾飞勇先生对本书进行了医学指导并对全书内容进行了审定；董涵宇、张尊伟和潘秀雨医生对本书的矫治方法给出了宝贵的建议。

东北师范大学附属小学教学团队：卜庆刚、孙劼、袁丽敏、江玉、孙千卉、王艳斌、高珊、孙笛老师为本书的矫治方案设计提出了专业建议。

长春教育学院的闫峰老师参与了本书的整体矫治方案架构设计。

湖南省怀化市启音康复教育服务中心的鲁天珍老师为本书提出了特殊教育专业的宝贵意见。

东北师范大学语言健康与智慧应用研究中心的儿童构音障碍元音矫治小组成员，对本书矫治材料进行了校对和编排，对书中匹配的游戏进行了精心设计，充分发挥了成员师范专业的特长，如今他们有的未完成学业，有的在更高的学府继续深造，有的已经正式工作，继续为教育事业奉献自己的力量，他们是：

组长：葛晓妍（广州市黄埔区教育局研究院实验小学）；

副组长：马梦阳、韩馨瑶、孙畅（成都市新都区兴乐路小学校）；

组员：刘漫鸿[深圳市南山外国语学校（集团）科苑小学]、王佳佳、何婷、戴娜、张媛媛、邝润丹、张敬萱、阎浚汇、庞佳鑫（长春市第八十七中学小学部）、孟德玲（大同市第一中学校）、罗丹丹（成都市新都区桂林小学校）、阿怀全（呼和浩特市国星中学）、张博雅、李婕、孙国婧（理想众望教育科技有限公司天津分公司）、郑龙吉（北华大学）。

胡雪婵

2024年5月于东北师范大学语言健康与智慧应用研究中心